aufbau taschenbuch

AUFBAU VERLAGSGRUPPE

Franz Alt, geboren 1938, war seit 1968 für den SWF – später SWR – tätig. 20 Jahre moderierte er das Politmagazin »Report«, seit 1992 leitete und moderierte er die Sendereihe »Zeitsprung« in der ARD, seit 1997 das Magazin »Querdenker« in 3sat und bis 2003 das politische Magazin »Grenzenlos«. Er wurde u. a. mit dem Adolf-Grimme-Preis und dem »Europäischen Solarpreis« ausgezeichnet.

Jüngste Buchveröffentlichungen: »Jesus – der erste neue Mann« (1989), »Die Sonne schickt uns keine Rechnung – Die Energiewende ist möglich« (1995, 2004) und »Der ökologische Jesus« (1999, 2003), »Agrarwende jetzt« (2001), »Das ökologische Wirtschaftswunder« (AtV 2002), »Krieg um Öl oder Frieden durch die Sonne« (2003), »Eine bessere Welt ist möglich. Ein Marshallplan für Arbeit, Entwicklung und Freiheit« (2005 mit Rupert Neudeck und Rosi Gollmann).

Ein Land ohne Visionen hat keine Zukunft. In diesem Buch geht es um realisierbare Visionen. Ihre Verwirklichung bedeutet auch Millionen neue, zukunftsfähige und sinnvolle Arbeitsplätze. Ein Beispiel: Vor 20 Jahren waren erneuerbare Energien ein Traum von wenigen – heute sind sie die Hoffnung für viele und morgen eine Notwendigkeit für alle.

Wir leben in einem unvorstellbar reichen Kosmos. Es reicht für alle. Es reicht für jedermanns Bedürfnisse – es reicht freilich nicht für jedermanns Habgier.

Das Betriebsgeheimnis unseres Planeten ist die Sonnenenergie. Die Schöpfung hält den Schlüssel für phantastische Innovationen bereit. Das gigantische Intelligenzpotenzial in den riesigen Regenwäldern und in den Tiefen der Ozeane haben wir noch nicht einmal im Ansatz erkannt. Wenn Unternehmer und Manager, Architekten und Designer, Ingenieure und Handwerker den unermesslichen Reichtum der Natur anzapfen, haben wir mehr Chancen als mit jeder Mars-Landung. Allerdings dürfen wir nicht länger gegen die Natur Krieg führen, sondern müssen lernen, mit der Natur zu wirtschaften.

Aktuelle Infos zu den Themen dieses Bandes finden Sie auf der Internetseite von Bigi und Franz Alt: www.sonnenseite.com

Franz Alt

Zukunft Erde

Wie wollen wir morgen leben und arbeiten?

Aufbau Taschenbuch Verlag

ISBN-10: 3-7466-7056-X
ISBN-13: 978-3-7466-7056-0

1. Auflage 2006

Umschlaggestaltung gold, Anke Fesel und Kai Dieterich
unter Verwendung eines Fotos © by Axel Thomae
Satz: LVD GmbH, Berlin
Druck und Binden GGP Media GmbH, Pößneck
Printed in Germany

www.aufbau-taschenbuch.de

Für Angela Merkel

(die angekündigt hat:
»Mehr Freiheit wagen«
Also: Bürger, zur Sonne, zur Freiheit!)

Inhalt

Vorwort
Geist ist geil statt Geiz ist geil

Wer Visionen hat, gehört ins Irrenhaus, sagte vor etwa 30 Jahren ein deutscher Bundeskanzler. Heute sehen wir, was in Deutschland aus einer Gesellschaft ohne Visionen geworden ist: 11 Prozent Arbeitslosigkeit, Millionen Bürger mit Zukunftsängsten, steigende Umweltzerstörung und ein Land, in dem – trotz materiellen Reichtums – mehr gejammert wird als anderswo.

Ein Land ohne Visionen hat keine Zukunft.

In diesem Buch geht es um realisierbare Visionen. Visionen von heute waren schon immer die Realität von morgen.

Ein Beispiel: Vor 20 Jahren waren erneuerbare Energien ein Traum von Wenigen – heute sind sie die Hoffnung für Viele und morgen eine Notwendigkeit für Alle.

Nachdem ich 12 Jahre lang die Zukunftsredaktion im Südwestrundfunk geleitet habe, möchte ich in diesem Buch aufzeigen:

- Deutschland ist erneuerbar,
- Europa ist erneuerbar,
- Die Welt ist erneuerbar.

Ich möchte Ihnen Lust auf Zukunft vermitteln – mit vielen konkreten Projekten und positiven Beispielen. Die Realisierung dieser Visionen bedeutet auch Millionen neue zukunftsfähige und sinnvolle Arbeitsplätze. Menschen sind lernfähig und zukunftsbegabt.

Mit erneuerbarer Energie können wir ein neues, nachhaltiges Wirtschaftswunder schaffen. Voraussetzung dafür ist freilich, dass wir nicht länger gegen die Natur, sondern mit der Natur wirtschaften. Wir können von der Intelligenz der Schöpfung lernen und werden dann erkennen, dass die Welt eine optimistische Schöpfung ist. Heute früh beim Joggen ist mir wieder aufgefallen: Alle Vögel singen in Dur!

Ich will mit diesem Buch aufzeigen, wie wir die vorherrschende Moll-Stimmung überwinden können. Allerdings: Auf dem Weg dorthin werden wir die deutsche Devise »Geiz ist geil« in »Geist ist geil« transformieren müssen. Dann wächst die Liebe zum Leben und Freude an der Arbeit. Worauf warten wir?

Wir leben in einem unvorstellbar reichen Kosmos. Lasst uns endlich den Reichtum entdecken. Das gigantische Intelligenzpotenzial in den riesigen Regenwäldern und in den Tiefen der Ozeane haben wir noch nicht einmal im Ansatz erkannt. Unermessliche Schätze an Inspirationen und Innovationen warten auf uns.

Reichtum heißt: Es reicht für alle. Es reicht für Jedermanns Bedürfnisse – es reicht freilich nicht für Jedermanns Habgier.

Die Natur ist das erfolgreichste Unternehmen der Evolutionsgeschichte. Das Betriebsgeheimnis unseres Planeten ist die Sonnenenergie. Die Schöpfung hält den Schlüssel für phantastische Innovationen bereit. Die Natur zeigt uns, wie Energie- und Rohstoffprobleme gelöst, Lärm und Müll reduziert sowie Arbeitslosigkeit, Hunger und Kriege überwunden werden können. Die Natur löst diese Probleme jeden Tag neu und nachhaltig. Wenn Unternehmer und Manager, Architekten und Designer, Ingenieure und Handwerker den unermesslichen Reichtum der Natur anzapfen, haben wir mehr Chancen als mit jeder Mars-Landung.

Baden-Baden, im Sommer 2006 Franz Alt

1. Hochwasser, Hitze, Hurrikans – sind wir noch zu retten?

- Wir in den Industriestaaten verbrennen heute an **einem** Tag soviel Kohle, Gas und Öl wie die Natur in 500 000 Tagen geschaffen hat.
- Dadurch werden täglich weltweit 100 Millionen Tonnen Treibhausgase produziert.
- Infolge des Treibhauseffekts nehmen auf unserem Planeten die Wüsten täglich um 30 000 Hektar zu. Jeden Tag verlieren wir durch Erosion 86 Millionen Tonnen fruchtbaren Boden.
- Jeden Tag holzen wir Menschen 42 000 Hektar Regenwald ab und bis zu 150 Tier- und Pflanzenarten verschwinden von der Erde.
  Damit zerstören wir unsere eigenen Lebensgrundlagen.
- 26 000 Menschen sterben jeden Tag an Hunger und Wassermangel, obwohl die Erde doppelt so viele Menschen ernähren könnte, wie wir heute sind.

Die Vorboten des Treibhaus-Effektes haben wir auch in Europa seit einigen Jahren schon kennengelernt:

- Frühlingswetter im November
- Aprilwetter im Januar
- zunehmende Gletscherschmelze
- Sturm Lothar 1999
- Hochwasser im Sommer 2002 und
- Hitzesommer 2003

Sind wir noch zu retten? Auf diese zentrale Zukunftsfrage der Menschheit möchte ich mit Ihnen, liebe Leserinnen und Leser, in diesem Buch Antworten suchen.

Wir stehen heute vor der größten moralischen, ökonomischen, ökologischen und sozialen Herausforderung der Menschheitsgeschichte. Wir führen bereits mehrere große Kriege zugleich:

- Kriege um die letzten Ressourcen auf unserer Erde, zum Beispiel um Öl im Irak, aber auch
- einen Weltkrieg gegen die Natur und damit gegen uns selbst.

Der Klimawandel könnte zum Klimakollaps führen, ja sogar die Existenz der Menschheit gefährden . Die Folgen der Erderwärmung in den letzten Jahren – Wirbelstürme, Taifune und andere wetterbedingte Naturkatastrophen – verursachten nach Angaben der Münchner Rückversicherung, dem weltgrößten Versicherungskonzern, im Jahr 2004 volkswirtschaftliche Schäden in Höhe von 145 Milliarden US-Dollar. 2005 wurde ein noch schlimmeres und »teureres« Katastrophenjahr: Hochwasser in Bayern, Österreich und der Schweiz verursachten Milliardenschäden, bei Taifunen in Ostasien und den Hurrikan-Katastrophen im Süden der USA und in der Karibik kamen viele tausend Menschen ums Leben, die Gesamtschäden (einschließlich der Erdbeben in Pakistan und Indien) betrugen 212 Milliarden US-Dollar laut Angaben der Münchner Rück, das Deutsche Institut für Wirtschaftsförderung hat die Schäden auf 600 Milliarden Dollar geschätzt.

Klimaforscher haben in Modellrechnungen diese Entwicklung fast exakt vorher gesagt. Wir wollten mehrheitlich nichts davon wissen und haben die Gefahren verdrängt. Habgier, Unwissenheit und Bequemlichkeit waren stärker als Einsicht, Demut vor den Naturgesetzen und unsere Bereitschaft zur Umkehr.

Entweder lernen wir, künftig mit der Natur zu leben, zu arbeiten und zu wirtschaften oder wir werden von diesem Planeten verschwinden. Die Natur ist unsere große Lehrmeisterin.

Aber sind wir noch lernfähig? Der Dalai Lama sagte in meiner letzten Fernsehsendung: »Ohne Menschen ginge es der Erde besser.« Wer wollte ihm widersprechen?

Über die steigenden Öl- und Benzinpreise werden wir täglich daran erinnert, dass die Ressourcen, mit denen wir nach 1945 unseren Wohlstand aufgebaut haben, zu Ende gehen. Die Internationale Energieagentur (IEA) in Paris schätzt, dass es in 30 bis 40 Jahren kein Öl, in 45 Jahren kein Gas und in 50 Jahren kein Uran zum Betreiben von AKWs mehr geben wird. Die Kohlevorräte reichen noch etwa 120 Jahre. Da die alten Energieträger allesamt in den nächsten Jahrzehnten aufgebraucht sein werden, haben wir gar keine andere Wahl, als uns so rasch wie möglich und zu 100 Prozent auf neue und erneuerbare Energien umzustellen. Das ist möglich und noch aus einem weiteren Grund zwingend: 80 Prozent unserer heutigen Umweltprobleme gehen auf den Treibhauseffekt zurück.

Es gibt einen Fluchtweg aus dem Treibhaus. Noch gibt es ihn.

Wir können in den nächsten Jahrzehnten auf erneuerbare Energiequellen umsteigen und damit die Emissionen von Treibhausgasen reduzieren. Bisher haben die Ökonomen die Ökologen gefragt: Können wir uns Klimaschutz finanziell leisten? Wie teuer wird das? Jetzt müssen Ökologen die Ökonomen fragen: Wie teuer wird es, wenn wir das Klima nicht schützen? Sicher: Klimaschutz kostet, aber kein Klimaschutz kostet unsere Zukunft.

Folgendes Problem dürfen wir nicht verdrängen: Wenn alle sechseinhalb Milliarden Bewohner der Erde ihren Lebensstandard steigern wollten, hätte dies dramatische Konsequenzen für die Zukunft der gesamten Menschheit und für alles Leben auf unserem Planeten. Einerseits würde sich die Belastung der natürlichen Lebensgrundlagen gefährlichen Grenzen nähern, andererseits können wir den anderen das Recht auf ein besseres Leben nicht bestreiten. Die 1,2 Milliarden Menschen in den Industriestaaten verbrauchen bereits heute pro Kopf 8-mal mehr konventionelle Energie als die Bevölkerung der Entwicklungsländer.

Professor Dr. Maximilian Gege, Vorsitzender des Bundesdeutschen Arbeitskreises für Umweltbewusstes Management (B. A. U. M.) e. V, der größten Umweltinitiative der Wirtschaft in Europa, verwies in einem Gespräch mit mir auf weitere Konsequenzen des Klimawandels: »die Frage von Krieg und Frieden, Armut und Reichtum, Wachstum und nachhaltigem Wohlstand für alle Menschen. Zwei Milliarden Menschen ohne Strom, 4 Milliarden Menschen in lebensunwürdigen Umständen, zunehmender Reichtum bei den auf der ›Sonnenseite‹ lebenden – und eine dramatische Klimaverschärfung, sowie eine stark steigende Weltbevölkerung, das kann nicht funktionieren, und wird irreparable Konflikte auslösen.«

Vieles von dem, was heute läuft, sind Auslaufmodelle, die etwa einem Zehntel der Menschheit materiellen Wohlstand, aber der großen Mehrheit Elend gebracht haben. Wenn in etwa 50 Jahren neun Milliarden Menschen auf der Erde leben werden, können nicht alle 10-Liter-Autos fahren. Dennoch können alle mobil sein und ein gutes Leben führen, freilich unter anderen Voraussetzungen als heute. Um 2050 werden in China vielleicht 500 Millionen und in Indien 600 Millionen Autos unterwegs sein. Das sind mehr, als derzeit weltweit fahren. Wären es heutige Autos, könnten wir unseren Planeten vergessen. Er würde kollabieren. Aber zu unserem Glück setzt die Natur selbst Grenzen. Den heutigen Treibstoff wird es schon vorher nicht mehr geben, da die fossilen Energieträger verbraucht sind und zwar weltweit.

Ist die ganz große Katastrophe noch abzuwenden? Jede und jeder weiß aus dem privaten Leben, dass jede Krise auch ihre Chance hat. Politiker und Ökonomen haben auf die existenziellen Zukunftsfragen noch keine wirklichen Antworten. Die Wahlkämpfe in Deutschland oder auch die Auseinandersetzungen um die Ökosteuer liefern für diese Einschätzung unserer politischen Kultur immer wieder den Beweis. Aber Wissenschaftler und Forscher, Ingenieure und Visionäre in aller Welt haben längst Konzepte für eine bessere Welt entwickelt. Darüber wollen wir in diesem Zukunftsbuch miteinander nachdenken. Wenn wir uns von der Vorstellung lösen, es müsste immer so weitergehen wie bisher, lachen uns plötzlich tausend neue Möglichkeiten zu neuem Leben mit neuen Chancen an.

Es geht um neue Arbeitsplätze und eine bessere Umwelt, um erneuerbare und umweltfreundliche Energien, um Gesundheit und Lebensmittelproduktion, um gesunde Böden, saubere Luft und reines Wasser, um die Zukunft des Bauens und unseres Bildungssystems, um eine ökologische Spiritualität und um unser Wohlbefinden im Alter, wenn künftig viele von uns hundert Jahre und älter werden. Und vor allem: Wie können wir den Welthunger überwinden?

Bei all unseren Überlegungen werden wir auch immer die Zukunft unserer Kinder und Enkel zu bedenken haben, für die wir mitverantwortlich sind. Von ihnen haben wir unseren Planeten geliehen.

Prognosen, die in diesem Buch vorgestellt werden, sind mögliche Entwicklungen unter bestimmten politischen, ökonomischen und gesellschaftlichen Bedingungen. Prognosen sind also keine exakten Vorhersagen, wohl aber realisierbare Entwicklungschancen.

Wenn es allen gut gehen soll – was grundsätzlich möglich ist –, werden wir vieles ändern müssen. Dieser Planet kann nach einer UNO-Studie zufolge 12 Milliarden Menschen ernähren – übrigens ohne Gentechnik.

Bertolt Brecht hat gesagt: »Das Schicksal des Menschen ist der Mensch.« Ganz anders definiert George W. Bush menschliche Verantwortung: Der US-Präsident hat sich bis heute geweigert, das harmlose Kyoto-Protokoll zu unterschreiben. Als ihm seine Berater nach der Hurrikan-Katastrophe 2005 im Süden der USA vorrechneten, dass Sturm und Killerwellen mehr als tausend Menschen das Leben gekostet und Schäden in Milliardenhöhe angerichtet hatten (150 Milliarden Dollar unmittelbar und 600 Milliarden Dollar Langfristschäden), wollte der Präsident immer noch nicht ausreichend in den Klimaschutz investieren, sondern hat seine Mitbürger aufgefordert, zu trauern und zu beten. Eine ungeheuerliche Gotteslästerung! Wir können für unsere eigenen Dummheiten und Verbrechen doch nicht den lieben Gott verantwortlich machen.

Auf jeden Fall werden wir lernen müssen, anders zu leben, damit andere überhaupt leben können.

Ein ökologisches Wirtschaftswunder ist möglich

Die Welt, auch die heute noch reiche Welt, hat keine Zukunft, solange alle fünf Sekunden ein Kind verhungert. Klaus Töpfer nennt das, was heute weltweit läuft, ein »globales Selbstmordprogramm«.

In diesem Buch will ich aber aufzeigen, dass die Ökologie im 21. Jahrhundert die intelligentere Ökonomie werden kann und wir dadurch neue Chancen bekommen. Wir werden viele positive und ermutigende Beispiele für diesen Transformationsprozess kennen lernen. Ich durfte sie auf der ganzen Welt sehen.

Der hundertprozentige Umstieg auf erneuerbare Energien ist nicht nur ökologisch, sondern auch ökonomisch geboten. Der Ausstieg aus Öl, Gas und Atom beschert dem Staat ein kostenloses Innovations-, Beschäftigungs- und Konjunkturprogramm. Die bisherige Entwicklung von Windrädern, Solarzellen, Pellets- und Biogas-Anlagen zeigt: Wer heute neue Technologien entwickelt, ist morgen Weltmarktführer. Wer Atomkraftwerke schließt wie Schweden und Deutschland oder gar keine gebaut hat wie Österreich, muss frühzeitig auf Alternativen umsteigen, denn Energien brauchen alle Industriestaaten zuhauf. Sonst gehen tatsächlich die Lichter aus. Und alle Räder stehen still. Sie stehen aber noch nirgendwo still. Keine Energie kann so rasch verfügbar gemacht werden wie erneuerbare Energien. Wenn wir nur wollen. Das Angebot ist immer und für alle Zeit vorhanden.

In dieser Situation wird sich der Atomausstieg als Motor für Innovationen erweisen. Die Branchen-Vertreter der erneuerbaren Energien haben allein in Deutschland 200 Milliarden Investitionen bis zum Jahr 2020 angekündigt. Das entspricht genau den Vorgaben von Angela Merkel. »Mehr Freiheit wagen« – das heißt im Energiesektor: mehr Unabhängigkeit, mehr Autonomie, mehr Freiheit. Heute muss Deutschland noch beinahe 80 Prozent seiner Energierohstoffe importieren.

Jede Epoche hat ihre Schlüsseltechnologie. Bis Mitte des 20.

Jahrhunderts bildeten Kohle und Öl die Basis der Großproduktion in den Industrieländern. In den letzten Jahrzehnten hat die Informationstechnologie die Wirtschaft und die Wissenschaft verändert, in den nächsten Jahrzehnten könnten erneuerbare Energien in Kombination mit Energie-Effizienz unser Leben nachhaltig positiv beeinflussen, wenn jetzt die Weichen richtig gestellt werden.

Klaus Töpfer: Quantensprung für erneuerbare Energien

Der frühere deutsche Umweltminister dazu: »Als amerikanische und britische Wissenschaftler die ersten Computer entwickelten, kosteten diese Hunderttausende Dollar und wurden als Luxusgüter ohne Chancen für den Konsummarkt gesehen. Tatsächlich glaubte man noch vor 60 Jahren, dass ein modernes, industrialisiertes Land vielleicht nur einen oder zwei Computer benötigen würde. Dieser Scheuklappenblick erscheint aus heutiger Perspektive lächerlich. Millionen von Menschen auf der ganzen Welt arbeiten heute in der Computer- und Zulieferindustrie. Heute stehen wir kurz vor einem anderen, neuen industriellen Quantensprung, bei dem die ineffiziente Nutzung von fossilen Brennstoffen wie Kohle und Öl reduziert wird und ein Wettbewerb um alternative Technologien Raum gewinnt.«

Wir müssen nur unser Brett vor der Sonne entfernen. In der Kraft der Sonne und in der Kreativität der Natur spiegeln sich die göttliche Weisheit und die göttliche Intelligenz. Im Vertrauen auf die Weisheit der Schöpfung finden wir Wege aus der Krise. Ja, wir sind noch zu retten – wenn wir es wirklich, wirklich wollen.

Es darf freilich niemand erwarten, dass Großkonzerne die

Energie-Probleme eines Landes lösen. Das können nur wir selber tun. Die solare Energiewende bedeutet auch den Abschied von wenigen Großkonzernen und den Einstieg von Millionen Mitspielern von unten.

Visionen? Ja natürlich – warum denn nicht? fragen wir im nächsten Kapitel.

2. Bürger, zur Sonne, zur Freiheit – das Solarzeitalter beginnt

Erneuerbare Energien werden ganz rasch eine zentrale Rolle spielen. Sie sind **das** Geschäft von morgen. Langfristige Entwicklung in China und Indien, in Afrika und Lateinamerika wird nur möglich mit erneuerbaren Energien. Sie werden über Wohl und Wehe, über Wachstum und Wohlstand für alle Menschen entscheiden.

Die humanste Vision für ein gutes 21. Jahrhundert heißt Solarzeitalter. Wir können es schaffen, in den nächsten 40 Jahren zu 100 Prozent auf erneuerbare Energien umzusteigen. Wir brauchen kein Öl aus Arabien, kein Gas aus Sibirien, kein Uran aus Australien. Wir haben alle Energieträger, die wir künftig brauchen, direkt vor der Haustüre: Sonne, Wind, Wasserkraft, Erdwärme und Bioenergie vom Acker und vom Wald.

Dabei kommt es nicht mehr darauf an, ob wir den hundertprozentigen Umstieg auf neue Energien schaffen. Die entscheidende Frage ist, ob wir den Umstieg rechtzeitig schaffen – bevor die zunehmenden Naturkatastrophen Millionen Menschen das Leben kosten. Klimaforscher gehen nämlich davon aus, dass das, was wir heute an Hurrikans und Taifunen, an Überschwemmungen und Dürre, an schmelzenden Gletschern und Ozonlöchern erleben, nur die Vorboten künftiger Katastrophen sind. Nicht das Klima spielt verrückt, wir Menschen mit unserem heutigen Energieverhalten sind es. Aber noch gibt es einen Fluchtweg aus dem Treibhaus.

Nach einer Studie der Europäischen Kommission könnte der Energieverbrauch im Jahr 2050 so aussehen:

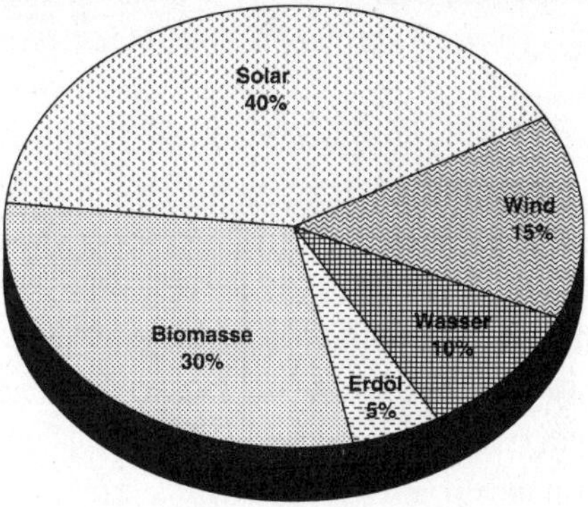

Energieszenario 2050

Voraussetzung zum Erreichen dieses Zieles ist freilich, dass wir lernen, mit Energie intelligenter umzugehen: durch besser gedämmte Häuser, durch Energiespargeräte und energieeffizientere Autos. Mindestens 60 Prozent der heutigen Energieverbräuche können wir problemlos wegsparen. Die Richtung heißt: doppelter Wohlstand – halber Naturverbrauch (Ernst Ulrich von Weizsäcker).

Auch Ölmultis wie Shell und BP haben intern bereits ähnliche Energie-Szenarien erarbeitet. (Dazu später mehr.)

Eine im März 2006 vom EU-Ministerrat verabschiedete Richtlinic fordert neue Anstrengungen für eine effiziente, preisgünstige und umweltfreundliche Energieversorgung und ein Verbot von Maßnahmen, die das Energiesparen behindern. Davon dürften auch die sogenannten flat rates von Stromanbietern betroffen sein.

Berlin hat in dieser Hinsicht Erfolge vorzuweisen: Im Rahmen einer zehnjährigen »Energiesparpartnerschaft« öffentlicher Einrichtungen und privater Energieanbieter konnte der Energieverbrauch in Schulen, Universitäten, Schwimmbädern, Justizanstalten und anderen öffentlichen Einrichtungen um 25 Prozent gesenkt und damit der CO_2-Ausstoß um mehr als 60 000 Tonnen jährlich reduziert werden. Die hochverschuldete Hauptstadt konnte jährlich rund 2,4 Millionen Euro in ihrem Haushalt einsparen. Positive Effekte haben die Maßnahmen auch für den Wirtschaftsstandort insgesamt: Heizungs-, Lüftungs- sowie Steuerungs- und Regelungsanbieter erhielten neue Aufträge, weitere Impulse für den Arbeitsmarkt werden erwartet.

Die EU geht davon aus, dass die Realisierung des Energieszenarios 2050 etwa fünf Millionen neue Arbeitsplätze schafft – davon 1,1 Millionen in Deutschland.

Das Fieber des Planeten steigt

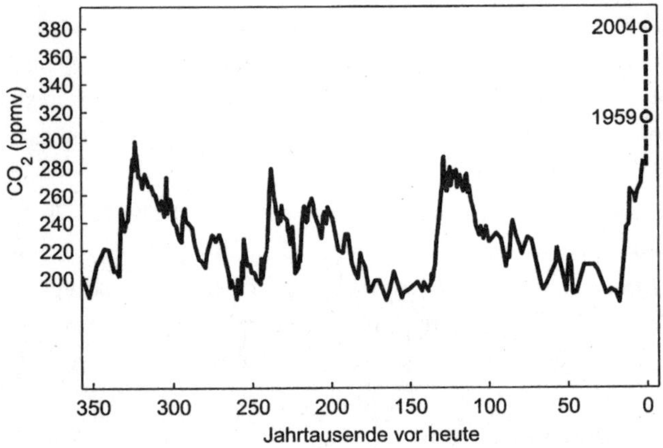

Diese Kurve zeigt die CO_2-Konzentration der letzten 350 000 Jahre. Relativ kleine Klimaveränderungen gab es ständig. Aber der Ausreißer ganz rechts außen an dieser Kurve belegt den CO_2- und Klimaanstieg der letzten 200 Jahre – also seit Beginn des Industriezeitalters – durch das Verbrennen von Kohle, Erdöl und Erdgas. Dadurch stieg die globale Temperatur im 20. Jahrhundert um etwa 0,6 Grad mit den bekannten Reaktionen der Natur: zunehmende Stürme wie die Hurrikans und Zyklone 2005 und 2006, Hitzesommer wie 2003 in Europa, Überschwemmungen, Erosionen, Artensterben, Wassermangel und anschwellende Flüchtlingsströme.

Noch vor 30 Jahren waren sich die Experten weltweit nicht darüber einig, ob sich die Erde erwärme oder abkühle. Aber heute stimmen 95 Prozent aller Klimaforscher darin überein, dass die Klimaerwärmung das größte Problem des 21. Jahrhunderts ist und erst recht wird. Sogar eine Studie im US-Verteidigungsministerium kommt zu dem Schluss: »Der Terrorismus ist gegenüber der Erderwärmung das kleinere Problem.«

Die von der Wetterstation auf dem Potsdamer Tafelberg erhobenen Daten belegen den Anstieg der mittleren Temperatur im 20. Jahrhundert.

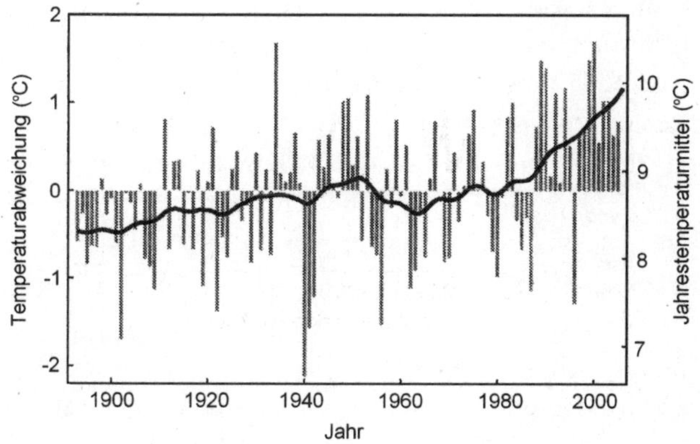

Wir können nur ernten, was wir säen. Die Klimaforscher der UNO sagen für das 21. Jahrhundert eine noch weit stärkere globale Erwärmung voraus, wenn wir alles, was heute noch an fossilen Rohstoffen im Boden ist, verbrennen: eine globale Erwärmung von bis zu 8 Grad Celsius. Ohne hundertprozentigen Umstieg auf erneuerbare Energien und ohne Effizienz-Steigerung bei den Energie-Verbräuchen können wir dies nicht verhindern.

Die Sonne scheint noch 4,5 Milliarden Jahre

Kürzlich schrieb die »Financial Times Deutschland«: »Der beste Werbeträger für erneuerbare Energien heißt Erdöl.« Die alten Energien sind bald nicht mehr bezahlbar, weil sie immer knapper werden und irrsinnige Folgekosten nach sich ziehen.

Aber Sonne, Wind, Wasserkraft, Erdwärme und Bioenergien stehen uns »ewig«, preiswert und umweltfreundlich zur Verfügung. Am Tag, an dem Sie dieses Kapitel lesen,

- schickt uns die Sonne etwa 15000-mal mehr Energie auf die Erde als zurzeit alle 6,5 Milliarden Menschen verbrauchen;
- enthalten die Windströme 308-mal mehr Energie wie weltweit verbraucht wird;
- wächst 15-mal mehr Biomasse als zur Gewinnung der gesamten Weltenergie nötig wäre;
- die Wellen- und Strömungsenergie bietet uns etwa 80-mal mehr Energie an, als wir verbrauchen und
- allein die Wasserkraft enthält etwa die Hälfte des gesamten heutigen Weltenergieverbrauchs.

Gewiss sind das theoretische Zahlen, wie im Kapitel drei auch grafisch dargestellt. Aber sie zeigen, dass die von der Natur zur

Verfügung gestellte Energie bei weitem ausreicht, um ab 2050 etwa neun bis zehn Milliarden Menschen mit aller Energie zu versorgen, die sie brauchen. Die Sonne ist der Motor allen Geschehens auf unserem Planeten. Sie ist über fünf Milliarden Jahre alt und wird mindestens noch einmal 4,5 Milliarden Jahre scheinen. Und alle profitieren davon: das Klima, die Wirtschaft, die ganze Gesellschaft, Sie und ich und erst recht unsere Kinder und Enkel.

Die solare Energiewende ist möglich und das Solarzeitalter hat **bereits** begonnen.

Ist das alles auch finanzierbar?

Der große ökonomische Vorteil der ökologischen Energiegewinnung ist, dass Sonne, Wind, Wasser und Erdwärme uns fast überall dort, wo wir sie benötigen – also ohne weltweite Transportwege – zur Verfügung stehen. Was wir brauchen, ist die Massenproduktion der Technologien zur Erzeugung und Nutzung der erneuerbaren Energien.

In der gegenwärtigen Diskussion wird oft übersehen oder bewusst verschwiegen, dass die erneuerbaren Energien in den letzten 10 Jahren um etwa 50 Prozent preiswerter geworden sind, während die alten Energien immer teurer wurden und werden. Atomenergie gehört ohnehin ins Museum für Technikgeschichte und bleibt gefährlich. Atomträume sind so sehr Wunschträume wie wieder billiges Öl oder Benzin. Und jedes AKW ist ein potentielles Angriffsziel für Terroristen. Wer diese Zusammenhänge nicht sieht, lebt in einem Wolkenkuckucksheim, aber nicht auf dieser Erde. Wir werden noch viele ähnlich überraschende Beispiele kennen lernen.

Zurzeit haben die erneuerbaren Energien zwischen 16 Prozent und 30 Prozent Zuwachs pro Jahr. Und dieser Boom ist keine Blase wie die New Economy vor einigen Jahren, denn die ganze Welt braucht immer mehr Energie.

Die Arbeitslosigkeit ist in Deutschland, Europa und der Welt hoch, die Wirtschaft stagniert – doch erneuerbare Energien sind bereits weltweit eine Wachstumsbranche. Beispiele:

- China hatte 2005 auf über 34 Millionen Häusern Sonnen-Kollektoren installiert. Das sind mehr als die gesamte übrige Welt zusammen.
- Japan hat die größten Solarkonzerne der Welt und damit bereits Hunderttausende Arbeitsplätze geschaffen (weitgehend mit Hilfe deutscher Solartechnik).
- Österreich gewinnt heute 15 Prozent seiner Energie aus heimischen, nachwachsenden Rohstoffen, Schweden, Finnland und Dänemark über 20 Prozent.
- Kalifornien will unter seinem Gouverneur Arnold Schwarzenegger bis 2020 bereits ein Drittel seiner Energie aus erneuerbaren Energiequellen gewinnen und die Philippinen wollen bis dahin sogar bei 40 Prozent sein.
- In Deutschland kommen sechs Prozent des Stroms 2006 aus Windmühlen. Aus allen erneuerbaren Energiequellen zusammen produzieren wir bereits 11 Prozent des Stroms und 5 Prozent der Heizung sowie 3,5 Prozent des Kraftfahrzeug-Sprits. 2020 könnten es insgesamt schon 25 % sein.

Statt Atomstrom zu kaufen, gewinnen wir künftig Strom vom eigenen Dach oder der Hauswand. Und wer kein eigenes Haus hat, kann sich an Gemeinschaftsanlagen beteiligen, die auf Dächern von Schulen und anderen öffentlichen Gebäuden oder im Gelände installiert werden. Dafür gibt es in allen Bundesländern Beispiele. Tausende Bauern erzeugen ihre Energie bereits selbst – entweder durch Solarstromanlagen (Photovoltaik) auf ihren Scheunen und Solarwärme-Anlagen (Sonnenkollektoren) auf ihren Häusern und Biodiesel oder Windstrom auf ihren Äckern.

Weil immer mehr Menschen auf Solarenergie umsteigen, baut die junge deutsche Solarbranche ihre Produktionskapazitäten bis 2008 um 350 Prozent aus.

Ein Biobauer bei Augsburg erklärte mir strahlend, er habe soeben seine bisher bescheidene Rente vervierfacht. »Wie haben Sie das denn gemacht?«, wollte ich wissen. Seine Antwort: »Mit Solaranlagen auf meinem Haus und meiner Scheune.«

Die erneuerbaren Energien sind die Wachstumsbranche Nummer eins.

Im Angesicht dieser Erfolgsstory sagt Norbert Walter, der Chefvolkswirt der Deutschen Bank, drastisch an die Adresse mancher Bedenkenträger in Politik und Medien: »Wer jetzt noch auf erneuerbare Energien eindrischt, hat nicht alle Tassen im Schrank.«

Mit einem Bruchteil des Aufwandes, der betrieben wird, um einen Menschen auf den Mars zu schicken, wird Industrieländern wie Deutschland, den USA oder Japan auch der Durchbruch zur solaren Weltwirtschaft gelingen. Immerhin haben die Verbände der alternativen Energien 2006 angekündigt, dass bis 2020 etwa 200 Milliarden Euro in erneuerbare Energien investiert werden können, wenn die politischen Rahmenbedingungen günstig bleiben. Dieser Betrag übersteigt die Ankündigung für Investitionen der alten Energiewirtschaft um etwa das Vierfache. Alternative Energien werden langfristig nicht mehr alternativ, sondern konkurrenzlos sein.

Einer der Hauptgründe: Solar- und Windkraftanlagen sind in wenigen Tagen oder Wochen installiert. Für den Bau fossiler

Kraftwerke braucht man mehrere Jahre. Und für den Bau eines Atomkraftwerkes ein Jahrzehnt und länger. Wenn die Einführungsgeschwindigkeit, welche die erneuerbaren Energien in Deutschland seit 2000 haben, anhält, dann hat die Bundesregierung ihr Ziel, bis 2020 etwa 20 Prozent des Stroms regenerativ zu gewinnen, schon 2012 erreicht. Bis 2020 könnten wir meiner Meinung nach schon bei 35 Prozent sein.

Damit hätten wir endlich die Voraussetzung zur Lösung der Umwelt- und Klimaprobleme geschaffen. Wer in den Industriestaaten im großen Stil die Sonne anzapft, wird rasch viele Nachahmer in der gesamten Dritten Welt finden.

Es gibt gar kein wirkliches Energieproblem, es gibt nur falsches Energieverhalten und weltweit eine falsche Energiepolitik. Allein die Sonnenstrahlen, die am heutigen Tag die Erde erreichen, können theoretisch den Energiebedarf unseres Planeten für 180 Jahre decken.

Im letzten Bundestags-Wahlkampf hat freilich weder der Autokanzler Gerhard Schröder noch die Herausforderin Angela Merkel den Wählern die Wahrheit zumuten wollen, dass Autofahren immer teurer werden wird. Beim Auto ist die Schmerzgrenze der Wahrheit für deutsche Spitzenpolitiker – Ausnahme sind die Grünen und die ÖDP – ganz schnell erreicht.

Wird Autofahren Luxus?

Dabei wäre es einfach und wahltaktisch intelligent, endlich die riesigen Vorteile der erneuerbaren Energien – auch als Antriebsenergien in Fahrzeugen – in den Mittelpunkt der politischen Auseinandersetzungen zu stellen.

Der Leiter des Instituts für Mobilitätsforschung, Walter Hell, hat zusammen mit 50 Wissenschaftlern soeben prognostiziert:

»In 20 Jahren ist Autofahren Luxus für Wenige.« Wenn wir nicht endlich ernsthafter und schneller als heute auf Alternativen umsteigen, dann ist es nicht gut bestellt um die Zukunft des liebsten Kindes der Deutschen, des Autos.

Je früher wir aber die Weichen für eine ökologische Verkehrs- und eine solare Energiewende stellen, desto besser wird es uns in der Zukunft gehen. Energie-Autonomie führt nämlich nicht nur zu mehr Wohlstand, sondern auch zu Frieden und Freiheit. Angela Merkel hat in ihrer Regierungserklärung gesagt: »Mehr Freiheit wagen«. In der Energiepolitik heißt mehr Freiheit unbedingt mehr Energie-Autonomie wagen. Heute müssen wir 80 Prozent aller Energieträger nach Deutschland importieren. Das schafft gefährliche Abhängigkeiten. Energie-Autonomie heißt: heimische Sonne, heimischen Wind, heimische Biomasse, heimische Erdwärme und heimische Wasserkraft nutzen und Energie effizienter einsetzen.

Die USA haben zwar das Kyoto-Protokoll nicht unterzeichnet, aber der Öl-Präsident George W. Bush hat inzwischen die Parole »Weg vom Erdöl« ausgegeben. »Wir müssen unabhängig werden vom Erdöl«, sagte Bush im März 2006 und kündigte zugleich das weltweit größte Programm für erneuerbare Energien an. 20 Milliarden Dollar will die US-Regierung ausgeben, um den Durchbruch für Biosprit zu organisieren.

Und die US-Windbranche will – ähnlich wie Chinas Windradbauer – Deutschland bald als Windweltmeister ablösen. Es wird international zu einem Wettkampf kommen um den ersten Platz beim hundertprozentigen Umstieg auf erneuerbare Energien. Wer diesen Wettkampf gewinnt, schafft Arbeitsplätze, kann Technologie in die ganze Welt exportieren und einen entscheidenden Standortvorteil gegenüber anderen Industriestaaten gewinnen.

Energiesparen, Energieeffizienz und erneuerbare Energien sind die Voraussetzung für ein neues, ökologisches Wirtschaftswunder. Diese Erkenntnis werden wir in den nächsten Kapiteln noch vertiefen.

3. Die Sonne schickt uns keine Rechnung – neue Energie – neue Arbeitsplätze

Energie ist zwar nicht alles, aber ohne Energie ist alles nichts.

Die alles entscheidenden Fragen an die künftigen Energieträger heißen:

- naturverträglich oder schädlich?
- endlich oder unendlich?
- preiswert oder immer teurer?
- überall vorhanden oder nur an wenigen Stellen?
- weite Wege oder kurze Wege?
- mittelstandsfreundlich oder nicht?
- arbeitsplatzfreundlich oder nicht?

Wer diesen Fragen ausweicht, findet keine tragfähigen Antworten auf die wichtigste Frage des 21. Jahrhunderts: Woher kommt künftig unsere Energie, ohne die nichts läuft? Warum aber weichen die Spitzenpolitiker den Überlebensfragen der Menschheit aus?

- Sie sind abhängig von der alten Energiewirtschaft wie ein Junkie von der Nadel. Sogar George W. Bush gab schon zu: »Wir Amerikaner sind ölsüchtig.« Er muss es wissen.
- Und sie haben eine panische Angst vor einfachen Lösungen. Es muss kompliziert, teuer und gefährlich sein, sonst wird eine Lösung nicht akzeptiert. Wir haben einfach verlernt, der Natur über die Schulter zu schauen. Eher führen wir Kriege um die zu Ende gehenden Ressourcen.

George W. Bush führt Kriege um Öl wie schon sein Vater. Auch der Krieg in Tschetschenien ist ein Ressourcenkrieg – im

Süden des Landes haben die westlichen Industriestaaten ihre Pipelines für Öl und Gas, im Norden die Russen. Der fürchterliche Bürgerkrieg im Sudan ist ein Ressourcenkrieg: Der christlich-schwarze Süden will seinen Anteil am Öl ebenso wie der arabisch-muslimische Norden. Die Bürgerkriege in Westafrika sind Ressourcenkriege. Der »Neue Kalte Krieg« (»Der Spiegel«) ist in vollem Gang. Zwar boomt zurzeit die Weltwirtschaft – aber sie steht auf tönernen Füßen.

Die Ressourcen werden immer knapper und sie werden immer mehr gebraucht. Erdöl wird zur Waffe. Außenminister Frank-Walter Steinmeier überraschte mit seiner Ankündigung, dass eine Energie-NATO geschaffen werden müsse. Verteidigungsminister Franz Josef Jung sprach von der Notwendigkeit von Militäreinsätzen bei der Ressourcensicherung und der italienische Wirtschaftsminister meinte, ihn erinnere der Energie-Kampf an das Jahr 1914, den Beginn des Ersten Weltkrieges. Die wichtigste politische Frage des 21. Jahrhunderts heißt: **Krieg um Öl oder Frieden durch die Sonne?**

Aus all diesen Gründen plädiert der Chefökonom der Internationalen Energieagentur (IEA), Fatih Birol, für einen rascheren Ausbau der erneuerbaren Energien und für mehr Energieeffizienz in den Industriestaaten.

Es gibt ausreichend Alternativen. Wasserkraft, Windenergie, solare Strahlungsenergie, Geothermie, Energie aus Biomasse. Die Natur stellt uns alles zur Verfügung, was wir brauchen – und zwar für alle Zeit. Worauf also warten wir noch? Die Umsetzung dieser Erkenntnis wartet auf uns:

Die Industrienation, die sich als erste ernsthaft auf den Weg ins Solarzeitalter macht, hat **die** Exportschlager für das 21. Jahrhundert in die ganze Welt.

Die erneuerbaren Energien stellen uns vieltausendfach zur

Angebote erneuerbarer Energie weltweit

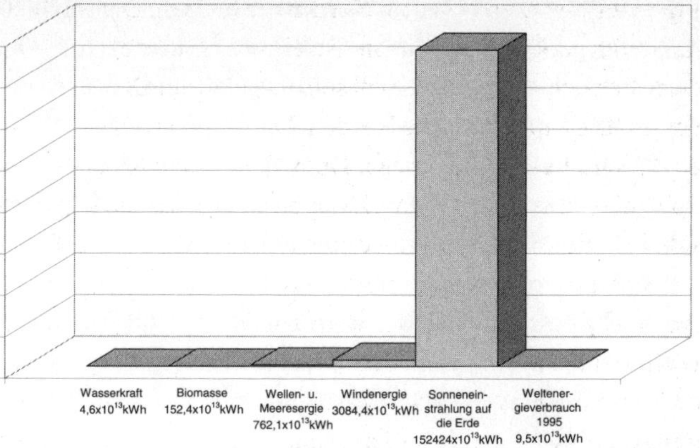

Verfügung, was wir je an Energie brauchen. Es gibt also kein Energieproblem – es gibt nur falsches Energieverhalten. Aber dies können wir ändern.

Die Europäische Kommission in Brüssel hält den 100-prozentigen Umstieg auf erneuerbare Energien in den nächsten 50 Jahren für möglich und prognostiziert hierfür – wie im letzten Kapitel schon aufgezeigt – fünf Millionen neue Arbeitsplätze, allein in Deutschland mehr als eine Million. 30 Millionen Gebäude in Deutschland können 50 Millionen kleine Solarkraftwerke werden. Riesenvorteil dabei ist, dass die gesamte Infrastruktur steht. Wir müssen uns nur öffnen nach oben, für die Energie von ganz, ganz oben. Für die Energie vom »Chef« selbst. Millionen Dächer warten auf Solaranlagen.

Die Lösung der Energiekrise steht am Himmel.

Im Innern der Sonne herrscht eine Temperatur von 16 Millionen Grad Celsius. Die Sonne liefert unserem Planeten alle acht

Minuten soviel Energie, wie die gesamte Menschheit in einem Jahr verbraucht. Alle irdischen Energiequellen verdanken wir der Sonne: das Holz der Wälder und die Pflanzen der Felder, aber auch die Kohle-, Erdöl- und Erdgaslager, in denen Sonnenenergie von Millionen Jahren gespeichert ist. Alle Lebenskreisläufe auf der Erde und im Wasser sind abhängig vom Kommen und Gehen der Sonne. Die Sonne ist der Quell des Lebens. Sie erwärmt unseren Planeten und schenkt uns Licht. Sie liefert am Tag den Pflanzen die Energie für die Photosynthese. Dieser bedeutendste chemische Vorgang auf der Erde erhält Pflanzen, Tiere und Menschen am Leben. Und selbst während der Nacht reflektieren Mond und Planeten das Licht der Sonne zur Erde.

Der Kernreaktor Sonne unterscheidet sich von irdischen Kernkraftwerken dadurch, dass er unfall- und strahlensicher ist, keine Atommüllbeseitigung erfordert und alle Menschen kostenlos mit Energie versorgt.

Ohne Energie kein Leben, kein Wohlstand und keine boomende Wirtschaft. Das ist sonnenklar. Die Lösung ist auch längst bekannt. Alexander der Große gewährte im 4. vorchristlichen Jahrhundert dem griechischen Philosophen Diogenes einen freien Wunsch. Diogenes wünschte sich daraufhin von seinem König lediglich: »Geh mir aus der Sonne«.

Nicht fehlende Technik oder mangelndes Rohstoffangebot sind das Problem bei der solaren Energiewende, sondern

- die Abhängigkeit vieler Politiker von der alten Energiewirtschaft;
- politische und steuerliche Privilegien für Atom- und Kohleenergie und
- die Unwissenheit fast aller Energieverbraucher über die erneuerbaren Energien.

Beispiele: George W. Bush ist so abhängig von der Ölindustrie – und führt in ihrem Auftrag sogar Kriege um Öl – wie Bayerns Ministerpräsident Edmund Stoiber abhängig ist von der Atomindustrie oder Bundeskanzler Gerhard Schröder von der Kohlelobby abhängig war. Und Angela Merkel wollte im Wahlkampf 2005 längere Laufzeiten für Atomkraftwerke. Nicht nur die US-Energiepolitik ist unverantwortlich. Auch alle Westeuropäer und wir Deutsche verbrauchen noch überwiegend Energie aus den alten atomar-fossilen Quellen. Wir führen zwar selbst keine Kriege um Öl, aber wir lassen sie für uns führen, solange wir 10-Liter-Autos fahren und Erdöl zum Heizen verbrennen.

Einzig die Grünen und die Ökologisch-Demokratische Partei (ÖDP) sind konsequent für erneuerbare Energien.

Es gibt drei Hoffnungszeichen:

Erstens: Das in Deutschland seit April 2000 geltende Erneuerbare-Energien-Gesetz regelt die Abnahme und die Vergütung von Strom, der ausschließlich aus erneuerbaren Energiequellen gewonnen wird, durch Netzbetreiber. 15 Staaten haben dieses Gesetz inzwischen übernommen oder diskutieren es. Darunter Schwergewichte wie China, Indien und Brasilien. Der Boom am deutschen Solarmarkt beweist, dass es mit der Solarbranche aufwärts geht. Die alten Energieträger hingegen sind allesamt Auslaufmodelle. Angela Merkel hat als Kanzlerin das Erneuerbare-Energien-Gesetz für Strom übernommen und zusätzlich ein Gesetz zur erneuerbaren Energie-Wärmeerzeugung angekündigt.

Zweitens: Die ersten europäischen Ölkonzerne haben bereits die Zeichen der Zeit erkannt und bauen wie zum Beispiel Shell Solarfabriken, Biomasse-Kraftwerke und demnächst Windparks.

Drittens: BP geht noch einen Schritt weiter und hat soeben seinen Namen geändert. Der alte Ölkonzern hieß bisher British Petroleum. Doch BP heißt ab sofort Beyond Petroleum = Nachölzeitalter. BP ist Marktführer in der europäischen Solarbranche.

Allerdings: Die Millionen Euro teuren Anzeigen der alten Energiewirtschaft für erneuerbare Energien stehen bisher noch in keinem angemessenen Verhältnis zu ihren bescheidenen Taten.

Die Frage ist nicht mehr, ob wir den 100-prozentigen Umstieg auf erneuerbare Energien schaffen, sondern einzig, ob wir ihn rechtzeitig schaffen. Ich bin eher ein Konservativer und war nicht zufällig 28 Jahre CDU-Mitglied. Wäre ich Sozialist, würde ich für die notwendige Energiewende das Motto vorschlagen: Solarier aller Länder vereinigt euch!

Es gibt freilich noch viel Forschungsbedarf – vor allem, um die Speichertechnologien für Sonnen- und Windstrom oder auch von Solarwärme zu verbessern.

Die Natur liefert uns keine Blaupausen, die wir einfach 1 : 1 übernehmen könnten. Aber sie bietet uns unendlich viele Anregungen und beispielhafte Vorbilder und Strategien. Israelische Forscher zum Beispiel fanden im Außenskelett von orientalischen Hornissen organische Halbleiterkristalle, die wie Solarzellen funktionieren. Die Insekten können damit Strom und Wärme erzeugen und ihre Bewegungen sowie den Stoffwechselprozess mit Energie versorgen. Sie können elektrische Energie nicht nur schadstofffrei erzeugen, sondern sogar speichern und erreichen traumhafte Wirkungsgrade.

Solartechniker, Biologen und Bioniker wissen, dass lebende Solarzellen die photovoltaische Technik in absehbarer Zeit revolutionieren können. Lernen von Hornissen!

Auch ein Floh kann Energie erzeugen, speichern und abgeben. Er kann damit einen Sprung von 30 Zentimetern hinlegen, obwohl er nur wenige Millimeter groß ist. Gemessen an der Größe des Flohs müsste ein Mensch, um diese Leistung zu erreichen, etwa 270 Meter weit oder hoch springen.

Soviel zum Thema Energieeinsatz und Energiespeichern bei uns heutigen Menschen und bei Tieren. Mit Hilfe erneuerbarer Energien können auch wir lernen, unsere heutigen Energieprobleme nachhaltig zu lösen. Dabei sind wir bereits auf einem guten Weg, aber freilich erst am Anfang. Schon vor 100 Jahren haben Flugzeugbauer von Vögeln gelernt. Die stete Verbesserung von Flugzeugen mit Rumpf, Flügeln und Leitwerk geht auf das Vorbild Vogel zurück. Warum sollten heute also Solarforscher nicht von Tieren lernen, erneuerbare Energien zu nutzen und energieeffizienter zu arbeiten?

Viele Bürgerinnen und Bürger haben aus Unwissenheit über die Chancen mit erneuerbaren Energien Angst vor dem Umstieg. Daher wollen wir jetzt über die Frage nachdenken: mehr Wohlstand mit weniger Energie?

4. Mehr Wohlstand mit weniger Energie? Es könnte allen besser gehen

Ein Gespenst geht um in Deutschland: Angst vor Wohlstandsverlust. Deshalb wird gejammert. Ganz Deutschland ein einzig Oberjammergau!

Es wäre sinnvoller, nach den Chancen in der Krise Ausschau zu halten und aktiv zu werden. Jammern hilft nicht, solange wir alle Teil des Problems sind. Hilfreicher ist die Frage: Wie werden wir Teil der Lösung?

Ich möchte in diesem Buch Lösungsansätze vorstellen. Dabei geht es nicht um Verzicht oder Askese, sondern um intelligentere Lösungen. Beispiele:

Erstens: Mobilität

Bahnfahren ist ökonomischer und ökologischer, es ist sozialer und sicherer und es ist ethisch eher vertretbar als das Auto. Darüber hinaus ist es bequemer, gesünder, angenehmer und in der Ferne entschieden zeitsparender. Ich weiß als Besitzer einer »Bahncard 100« der DB (Jahreskarte), wovon ich spreche. Nicht nur dieses Buch, auch die Moderationen meiner Fernsehsendungen entstehen oder entstanden zum Teil in der Bahn. 97 Prozent meiner Wege in Deutschland, Österreich und der Schweiz lege ich mit der Bahn zurück, nur noch drei Prozent mit dem Auto. Die Vorteile: Gewonnene Zeit, gespartes Geld, eine bessere Umweltbilanz und weniger Gefährdung im Autoverkehr.

Zweitens: Ernährung

Wenn viele Deutsche heute weniger Fleisch essen als noch vor 10 Jahren, dann ist das keine Askese, sondern Gesundheitsvorsorge, umweltschonend und energiesparend. Das Viehfutter in Deutschland wird beinahe zur Hälfte aus Übersee unvorstellbar energieaufwendig und damit umweltzerstörend hierher gebracht. Vegetarier werden durchschnittlich vier Jahre älter als Tieresser. Präsident Clinton hat den erstaunten US-Bürgern einmal gesagt: »Wenn wir Amerikaner 10 Prozent weniger Fleisch essen, dann müssen 60 Millionen Menschen weniger hungern.«

Drittens: Bauen

Wenn wir künftig Häuser bauen, die noch ein Viertel der bisherigen Energie verbrauchen, dann ist das kein Verzicht, sondern – bei gleichem Wärmekomfort – lediglich etwas intelligenter als heute und preiswerter sowie umweltfreundlicher ohnehin.

Viertens: Energie

Wenn unsere elektrischen Geräte – wie schon heute die Energiesparlampen – künftig noch ein Viertel der Energie von 1990 verbrauchen, dann ist das keine Einbuße, sondern endlich Stand der Technik und Voraussetzung für ökologischen Wohlstand.

Der Abschied von unserer heutigen Dinosaurier-Technologie hat nichts mit Opfer und Askese, wohl aber mit Nachdenken und Umdenken, mit Intelligenz und mit ökologischer Verantwortung und sehr viel mit ökonomischer Effizienz zu tun.

»Mehr Wohlstand« versprachen uns die großen Parteien und meinten wirtschaftliches Wachstum kombiniert mit Zerstörung der Umwelt. Die Basis eines wirklichen Wohlstandes sind aber sauberes Wasser, gesunde Böden, reine Luft und schöne Landschaften.

Einfaches Leben ist Gewinn

Mahatma Gandhi fordert uns auf: »Lebt einfacher, damit Andere einfach leben können.« Ein einfaches Leben ist aber kein Verzicht, es ist eher ein Gewinn. Wir haben fast alle zuviel unnötigen Plunder.

20 Prozent der Menschheit in den reichen Industrieländern verbrauchen etwa 80 Prozent der heutigen Energieressourcen. Wir Deutschen verbrauchen pro Kopf etwa 20-mal soviel Energie wie durchschnittlich ein Mensch in der Dritten Welt und 40-mal soviel wie ein Einwohner in Bangladesh oder Tansania.

Ein deutscher Durchschnittshaushalt verbraucht etwa 4000 Kilowattstunden Strom im Jahr. Da unsere Großkraftwerke aber die eingesetzte Energie wie Kohle, Gas, Öl und Atomkraft lediglich zu einem Drittel nutzen, müssen für jeden deutschen Haushalt 12 000 Kilowatt Energie in die Großkraftwerke hineingesteckt werden, nur um den heute privat benötigten Strom zu produzieren. Zwei Drittel der eingesetzten Energie verpufft in der Luft oder wird in die Flüsse geleitet, was wiederum den Treibhauseffekt verstärkt.

Würden bei der Stromerzeugung und beim Benzinverbrauch die Kosten für den Treibhauseffekt mitberechnet, dann müssten wir etwa den vierfachen Preis für Strom, Wärme und Benzin bezahlen. Wären die deutschen AKWs realistisch versichert, dann müsste – nach einer Studie im Auftrag des Bundeswirtschaftsministeriums – 1 Kilowattstunde Atomstrom 1,80 Euro kosten. Ein volkswirtschaftlich realistischer Benzinpreis liegt zwischen 2,50 und 3,00 Euro pro Liter. Dieses Niveau wird erreicht, wenn die Benzinpreise zehn Jahre lang um etwa 15 Cents pro Jahr ansteigen. Wenn ich dann ein Auto fahre, das nur noch ein Viertel des Benzins verbraucht, verglichen mit heute, kann ich das Vierfache für einen Liter Benzin bezahlen, ohne dass sich meine Benzinrechnung erhöht. Das heißt aber: Die Politik muss den Autoproduzenten den niedrigen Benzinverbrauch im Auto zur Auflage machen.

Das Ein-Liter-Auto ist möglich

Ist es wirklich intelligent, Autos zu produzieren und zu kaufen, die eineinhalb Tonnen wiegen, um schließlich 70 Kilogramm Mensch zu transportieren? Schon 1984 haben wir in der ARD Autos vorgestellt, die 100 km weit mit 1,6 Liter Benzin fahren. Aber 2006 verbraucht ein deutsches Auto im Durchschnitt noch immer 8,5 Liter für 100 km.

Ferdinand Piëch hat Journalisten 1992, ein Jahr, bevor er VW-Chef wurde, erzählt, dass er das Ein-Liter-Auto bauen könne. Tatsächlich waren im Frühjahr 2002 Journalisten aus ganz Deutschland eingeladen, ihn und seinen Nachfolger Bernd Pischetsrieder bei der Fahrt des ersten Ein-Liter-Autos der Welt von Wolfsburg nach Hamburg zu bestaunen. Der Presse wurde vorgerechnet, dass der exakte Spritverbrauch für 100 Kilometer 0,89 Liter betrug. Deutschland staunte. VW hatte in ganz Europa eine tolle Presse. Bravo für das Ein-Liter-Auto. Aber inzwischen gab der Konzern bekannt, die Entwicklung des Ein-Liter-Autos werde eingestellt, da es nicht für unter 20 000 Euro angeboten werden könne. Auch das Drei-Liter-Auto »Lupo« wird nicht mehr gebaut. VW war bei einer Probefahrt mit dem »Lupo« einmal um die Welt gefahren – bei der 33 000-Kilometer-Fahrt wurden im Schnitt 2,8 Liter Benzin pro 100 Kilometer verbraucht. Offenbar haben sich die Ölscheichs nicht folgenlos bei deutschen Automobilfirmen eingekauft. Techniker in Autofirmen versichern mir seit Jahren glaubhaft: »Wir könnten weit energieeffizientere Autos bauen, aber wir dürfen nicht.«

Dafür bauen die Wolfsburger den »Phaeton«, der über 15 Liter auf 100 Kilometer verbraucht. Bei steigenden Spritpreisen der reine Wahnsinn. Kaum jemand kauft heute so einen Spritfresser. Hauptsächlich wegen der Fehler seiner Manager sind deutsche Autos weltweit immer weniger konkurrenzfähig. Das 1-Liter-Auto von VW steht inzwischen in Wolfsburg im Auto-Museum!

Mehr Wohlstand durch Energiesparen heißt natürlich nicht, im Winter frieren müssen oder am Sommerabend auf das Fernsehen verzichten. Energiesparen heißt: Die eingesetzte Energie intelligenter und effektiver als heute nutzen. Energiesparen heißt zum Beispiel:

- Auto fahren mit einem Viertel des heutigen Benzinverbrauchs;
- öffentliche Verkehrsmittel benutzen, die eine Person mit einem Viertel dessen an Umweltbelastung befördern, was ein PKW verursacht;
- Energiegeräte benutzen mit einem Drittel des heutigen Stromverbrauchs;
- Häuser bauen, die – gegenüber heute – bis zu 90 Prozent Heizenergie einsparen; BASF hat Altbauten entsprechend energetisch renoviert.
- eine dezentrale Energieversorgung durch kleine Blockheizkraftwerke organisieren, in denen die eingesetzte Energie für Strom u n d Wärme, also doppelt, genutzt wird.
- In Deutschland lässt sich mit Grips und Energiesparen ein Viertel aller Kraftwerke überflüssig machen.

Der Obermeister der Innung für Sanitär- und Heizungstechnik in Wilhelmshaven heißt Eckhard Stein. Er hat herausgefunden, dass 10 Prozent der gesamten Heizenergie in Deutschland eingespart werden könnte, wenn die gute alte Spartechnik des »hydraulischen Abgleichs« nicht vergessen worden wäre. Eine Heizungsanlage hydraulisch abzugleichen, erklärt der Obermeister geduldig, heißt, Pumpen und Ventile so einzustellen, dass die im Heizkessel erzeugte Wärme optimal genutzt wird. Aber niemand kümmere sich darum, klagt Eckhard Stein: Keine Bauaufsicht, kein Bauherr, kaum ein Klempner. Klempner könnten Kraftwerke überflüssig machen.

Konkret heißt diese Erkenntnis: In Deutschland könnten durch kluge Klempner jedes Jahr eine Milliarde Kubikmeter Gas, etwa 600 Millionen Liter Heizöl und viele 10 000 Tonnen Kohle eingespart werden.

In der Energieeffizienz liegen wir um Jahrzehnte hinter den heute technischen Möglichkeiten zurück. Japan und England sind uns weit voraus. Die Verschwendung ist fast grenzenlos. Doch Öl und Gas und Geld schicken wir durch den Kamin.

Das Schönste am Energiesparen ist, dass wir dadurch mit mehr Wohlstand leben können. Wenn wir unsere Wohnungen mit 18 Grad statt mit 24 Grad heizen, bedeutet auch dies keine Askese, sondern mehr Gesundheit und 36 Prozent weniger Heizkosten. Bei gezielter Wärmedämmung spart ein Vierpersonenhaushalt pro Jahr 1000 Euro. Das ist Gewinn und kein Verzicht. Also: Besser dämmen statt Geld und Energie verschwenden!

Es gibt keinen einzigen Leser dieser Zeilen, der nicht aktiv werden könnte: Jeder braucht Energie, jeder muss essen und wohnen und jeder will mobil sein. Ich als Einzelner bin doch nur ein Tropfen auf dem heißen Stein – das bringt doch nichts, wenn ich mich umstelle. Solche Bemerkungen höre ich oft. Ein Tropfen, ja, aber ein Tropfen im Ozean. Und dort geht kein einziger Tropfen verloren. Jeder ist kostbar – in alle Ewigkeit. Eine schöne Erkenntnis.

Im nächsten Kapitel vertiefen wir dieses Thema an einem überraschend positiven Beispiel aus Deutschland.

5. Berlin – die erste solare Hauptstadt der Welt

Das Kraftwerk Sonne ist uns so allgegenwärtig, dass wir seine Existenz verdrängt haben. Wenn wir Obst fast nur noch im Supermarkt, warmes Essen in der Kantine und Milch nur noch plastikverpackt kaufen, dann vergessen wir allzu leicht, woher das alles kommt. Die Kuh und den Obstbaum, das Getreide und den Strom aus der Steckdose verdanken wir – wie auch unser eigenes Leben – der Energie der Sonne.

Ohne Sonne kein Leben! Die globale Durchschnittstemperatur auf der Erde beträgt heute 15,9 Grad Celsius. Wenn morgen die Sonne ausfiele, haben wir global minus 15 Grad Celsius. Schon nach drei Tagen ohne Sonne würde die Temperatur minus 40 Grad betragen, alle Schulen hätten kältefrei. Nach vier Tagen ohne Sonne hätten wir minus 80 Grad – kein Auto würde anspringen. Nach einer Woche wäre die Temperatur weltweit auf minus 173 Grad abgestürzt. Der Sauerstoff würde flüssig. Alles Leben wäre erstarrt.

In unseren mitteleuropäischen Breitengraden können wir mit Hilfe der Sonne im Winter bei Null Grad Celsius und im Sommer bei 20 Grad plus leben. Unsere Aufgabe ist es lediglich, die Differenz von nur sieben Grad im Jahresschnitt auszugleichen. Und auch **diesen** Ausgleich zwischen Sommer und Winter können wir mit Hilfe der Sonne erledigen – bei nahezu grenzenlosem Angebot.

Diese Erkenntnis haben sich die Bundesregierung und Politiker aller Parteien zu eigen gemacht und im Kabinett sowie im Bundestag nach dem 1991 beschlossenen Umzug von Bonn nach Berlin die richtige und energierevolutionäre Entscheidung getroffen: Wenn wir schon eine neue Hauptstadt bekommen, dann soll sie **die erste solare Hauptstadt der Welt** werden. Dächer und Fassaden sollten zur aktiven und passiven Solarnutzung geeignet sein, die Gebäude natürlich belichtet und belüftet werden, und Energiesparen zur beispielhaften CO_2-Verminderung sollte selbstverständlich sein. Treibende Kraft dieser Idee waren Klaus Töpfer von der CDU, 1987 bis 1994 Bundesumweltminister, dann bis 1998 Bauminister und der Solarpolitiker der SPD, Hermann Scheer. Die Grünen als Partei mit der Sonnenblume waren natürlich begeistert und haben diese Pläne realisiert, als sie mit der SPD regierten.

Die Bilanz kann sich sehen lassen: Die Brutto-Kollektor- bzw. Modulfläche der Solaranlagen bei den Berliner Bundesbauten beträgt mehr als 10 000 Quadratmeter.

Auf dem neuen Bundeskanzleramt in Berlin sind etwa 1400 Quadratmeter Solaranlagen installiert, auf dem Bundeswirtschaftsministerium sind es 920 und auf dem Bundespräsidialamt ca. 350 Quadratmeter. Auch die drei Abgeordneten-Häuser mit den Büros für die Volksvertreter weisen insgesamt 3400 Quadratmeter und der neue Reichstag über 320 Quadratmeter auf. Mit 15 Photovoltaikanlagen, 4 thermischen Solaranlagen und zwei zur solargestützten Kälteerzeugung auf insgesamt acht Ministerien und vielen anderen Bundesbauten in Berlin gilt die neue deutsche Hauptstadt jetzt tatsächlich als die erste solare Hauptstadt der Welt.

Als sich der Bundespräsident, der Bundeskanzler und die

Abgeordneten für Solarstrom entschieden, setzten sie ein unübersehbares politisch-ökologisches Signal. Inzwischen ist die Fläche der Solarkollektoren in Berlin auf über 45 000 Quadratmetern mit fast sechs Megawatt Photovoltaik gewachsen und beträgt damit das Doppelte von dem, was die Stadt Barcelona vorweisen kann.

Klaus Töpfer hat als Umzugsbeauftragter des Kanzlers Kohl konsequent nach dem Motto gehandelt: »Ökologisches Bauen heißt möglichst gar nicht bauen, sondern renovieren, restaurieren und sanieren.« Der Ökologe Töpfer achtete darauf, dass die Ministerien in Berlin möglichst vorhandene Gebäude nutzten, einige benötigten Anbauten, z. B. das Auswärtige Amt, das Bundesministerium für Wirtschaft und Technologie. So wurde von vornherein viel Energie und Baumaterial eingespart. Man sieht: Es gibt gar kein Energieproblem, sondern nur falsches Energieverhalten.

Der einzig wirkliche Regierungsneubau ist das Kanzleramt. Es verbraucht pro Jahr und Quadratmeter noch ein Drittel der Energie, die für das Bonner Bundeskanzleramt benötigt wurde. Mindestens ebenso wichtig wie erneuerbare Energie war nämlich den Planern, Architekten und Politikern das Einsparen von Energie.

Über 60 Prozent der Energieversorgung der Regierungs- und Parlamentsgebäude am Spreebogen basiert nun auf regenerativen Energieträgern. Kaum ein Bundesbürger weiß, dass es in seiner Hauptstadt beispielhafte solare Vorzeigeprojekte gibt. Journalisten haben dieses attraktive Thema komplett verschlafen. Die meisten Solaranlagen auf den Bundesgebäuden sind von Berlins Straßen aus nicht einsehbar. Auch das ökologische Glanzstück der solaren Hauptstadt im Keller des Reichstages bekommt kein Besucher zu Gesicht, wenn er nicht ausdrücklich darum bittet. Dort steht ein Biomasse-Blockheizkraftwerk, das mit Pflanzenöl (Biodiesel) betrieben wird und fast den gesamten Energiebedarf für das Hohe Haus sowie die umliegenden Parlamentsgebäude und Abgeordnetenhäuser abdeckt: Es versorgt sie mit Strom und Wärme, im Sommer dient das System der Kühlung der Gebäude. Pflanzenöl ist als gespeicherte Sonnenenergie absolut klimafreundlich, weil die Pflanzen beim Wachsen genau so viel CO_2-Treibhausgase aufnehmen, wie beim Verbrennen wieder freigesetzt werden – ein geschlossener CO_2-Kreislauf ohne Klimabelastung.

Schade, dass es bis heute keine Broschüre gibt, welche zum Beispiel die Millionen Reichtagsbesucher darüber aufklärt. Sie hätten nämlich einen Grund weniger, auf ihre Volksvertreter zu schimpfen.

Willkommen im Club, Herr Westerwelle!

Wir Deutschen haben das effizienteste Erneuerbare-Energien-Gesetz der Welt. Außer der FDP haben alle Parteien daran mitgearbeitet. Hier hat die Politik wirklich ihre Hausaufgaben gemacht. Jetzt liegt es an uns Bürgerinnen und Bürgern, die Vorteile dieses Gesetzes intelligent zu nutzen. Es gibt keinen einzigen Leser und keine Leserin dieser Zeilen, die nicht auf erneuerbare Energien umsteigen könnte.

Anfang 2006 hat sich auch der FDP-Vorsitzende Guido Westerwelle erstmals ohne Vorbehalt für erneuerbare Energien ausgesprochen. Willkommen im Club, Herr Westerwelle! Im Himmel herrscht bekanntlich über einen reuigen Sünder mehr Freude als über 99 Gerechte, die der Umkehr nicht bedürfen.

6. Grünes Gold statt schwarzes Öl

Alles, was das Öl kann, kann auch die Pflanze: Sie liefert Stoff für den Fahrzeugsprit und zum Heizen, ist aber auch eine Quelle, um umweltfreundlich Strom zu produzieren. Schon heute sind die Bioenergien preiswerter als das herkömmliche Benzin und Erdöl. Wenn die Ölquellen versiegen, werden Land- und Forstwirte künftig nicht nur Energielieferanten, sie werden auch Rohstofflieferanten für die Autoproduktion und die chemische Industrie, die heute noch zu 95 Prozent ihre Produkte aus Erdöl herstellen.

Wer heute im Allgäu einem Lastwagen der Leutkircher Brauerei Härle hinterherfährt, traut seiner eigenen Nase nicht: Kein rußiger Ölgestank mehr, sondern der süßliche Pommes-frites-Geruch von Biodiesel. Die Brauerei gehört zu den ersten Betrieben in Deutschland, deren Autos umweltfreundlich mit Öl aus Pflanzen fahren. Geschäftsführer Gottfried Härle rechnet stolz vor, dass seine Firma durch die Umrüstung seiner 12 LKW und zwei Diesel-PKW der Umwelt jetzt jährlich 40 000 Liter Heizöl und damit 130 Tonnen Treibhausgase erspart. Biertransport mit Biodiesel. »Das geht wunderbar«, bestätigt auch Hubert Fuchs, Zimmermeister im Kreis Unterallgäu. Er hat seine gesamte Wagenflotte auf Raps-Diesel umgerüstet.

Es gibt zwei Wege, die Sonnenenergie zu nutzen: den technologischen Weg über Solaranlagen, Windräder, Wasserräder und

Blockheizkraftwerke und den biologischen Weg über nachwachsende Rohstoffe.

Der Energieweg über die Photosynthese der Pflanzen und Bäume, den ich hier beschreibe, ist bisher in den Industriestaaten der am meisten vernachlässigte Energiepfad in die Zukunft. Aber das ändert sich gerade, wie in diesem Buch aufgeführte Beispiele zeigen. Der große Vorteil des biologischen Wegs: Bäume und Pflanzen sind die effektivsten Sonnenkollektoren, sie bestehen aus gespeicherter Sonnenenergie. Biomasse ist also ein enormer Sonnenenergieträger, der – nachhaltig und ökologisch bewirtschaftet – zeitlich unbegrenzt, speicherbar und weltweit zur Verfügung steht. Die immer wieder nachwachsende Biomasse liefert Energierohstoffe in allen Aggregatzuständen – fest, flüssig oder gasförmig:

- Biobrennstoffe wie Schilf, Stroh oder Holz können als Hackschnitzel, Pelletts oder Staub durch Block-Heizkraftwerke in Wärme und elektrischen Strom umgewandelt werden. In Bayern laufen bereits über 100 große Biomasse-Heizkraftwerke. In Baden-Württemberg haben in den letzten Jahren 50 Gemeinden – hauptsächlich im Schwarzwald – beschlossen, öffentliche Gebäude und Neubaugebiete mit der Wärme aus Holz zu versorgen. Die meisten sind bereits in Betrieb.
- In den meisten westeuropäischen Ländern – hauptsächlich aber in Österreich, Dänemark, Schweden und Frankreich – werden bereits Biokraftstoffe als benzinähnliche Produkte in Verbrennungsmotoren eingesetzt. In Deutschland gibt es mehr als 1700 Biosprittankstellen, wo man verestertes Pflanzenöl oder reines Pflanzenöl tanken kann. In Österreich sammelt McDonalds (!) jährlich 10 000 Tonnen Restspeiseöl ein, um sie in Dieselmotoren als Bio-Fahrzeugsprit zu nutzen. An dieser Stelle ist McDonalds vorbildlich.
- Biogas – ein Produkt aus Grünmasse oder organischen Rest-

stoffen – aus Küche, Feld und Wald kann ebenfalls thermische, mechanische und elektrische Energie erzeugen. Zurzeit laufen in Deutschland etwa 1600 Biogasanlagen.

Drei wesentliche Vorteile hat die Energie aus Biomasse:

Erstens: Der entscheidende Unterschied zwischen Biomasse-Energie und Energie aus Erdöl, Erdgas, Kohle oder Benzin ist, dass der Einsatz von Biomasse CO_2-neutral, also nicht klimaschädlich ist. Bei Biomasse können wir in einem Jahr verbrauchen, was im nächsten Jahr wieder nachwächst. Bei Kohle, Erdgas und Erdöl verbrauchen wir heute in einem Jahr, was die Natur in 500 000 Jahren angesammelt hat. Das erste ist verantwortlich und zukunftsfähig, das zweite unverantwortlich, weil nicht zukunftsfähig.

Zweitens: Biomasse kann überall als heimischer Energieträger genutzt und außerdem so problemlos gespeichert werden wie Erdöl, Erdgas, Kohle oder Benzin.

Drittens: In einer Zeit, in der in fast allen Industriestaaten das Bauernsterben fortschreitet, bietet umweltfreundliche Energie vom Acker und Wald den Bauern endlich eine existenzsichernde Zukunftsperspektive: Neue Arbeitsplätze entstehen im ländlichen Raum, die Vegetation wird gefördert statt vernichtet, die Landflucht wird gestoppt, ländliche Räume wirtschaftlich wieder belebt und organischer Müll, Gülle und Klärschlamm können sinnvoll und gewinnbringend genutzt werden. Wenn die Land-Wirte der Zukunft auch Energie-Wirte werden, bekommt auch die Landjugend wieder eine Zukunftsperspektive.

Weniger als ein Prozent der Weltflora sind Pflanzen zur Nahrungsmittelerzeugung. Es ist sinnvoll, klimafreundlich und naturverträglich, unter den übrigen 99 Prozent Pflanzen zum Gewinnen von Energie diejenigen herauszusuchen, die schnell wachsen, hohe Erträge bringen und keine oder fast keine Düngemittel benötigen. Dafür sind sogenannte C4-Gräser wie Schilfgras am besten geeignet. C4-Pflanzen heißen so, weil die Moleküle der Pflanzen aus vier Kohlenstoffatomen bestehen, im Gegensatz zu den bei uns heimischen C3-Pflanzen mit drei Kohlenstoffatomen.

Forchheim bei Karlsruhe: Hier pflanzt die Landesanstalt für Pflanzenbau in Baden-Württemberg seit 1988 Schilfgräser an und erntet jährlich pro Hektar bis zu 30 Tonnen Trockenbiomasse. Das ist soviel Energie wie 14 Tonnen Steinkohle oder 12 000 Liter Erdöl erbringen. Wie gesagt: in einem Jahr auf einem Hektar! Der Leiter dieser Landesanstalt, Dr. Paul Schweiger, legt aufgrund seiner Forschungen dieses Modell vor: Wenn 15 Bauern jeweils 10 Hektar Schilfgras anbauen, dann können sie ein 1000-Einwohner-Dorf komplett mit Strom, Wärme und Fahrzeugsprit versorgen. Zu ähnlichen Ergebnissen kommt Dr. El Bassam mit seiner Schilfgras-Forschung in der Bundesanstalt für Landwirtschaft in Braunschweig.

Wenn nur auf der Hälfte der heute in Deutschland stillgelegten landwirtschaftlichen Flächen die schnell wachsenden C4-Gräser, von denen es 1745 verschiedene Arten gibt, angepflanzt werden, können damit alle 17 Atomkraftwerke in Deutschland ersetzt werden. Das hat der Chef des Münchner Technologie-Instituts, Dr. Wolfgang Ständer, im Auftrag des Europaparlaments ausgerechnet.

Schweden will weg vom Öl

Schweden hat 1970 noch 77 Prozent seines Gesamtenergieverbrauchs aus Öl gewonnen. 2006 sind es 34 Prozent und bis 2020 sollen alle fossilen Rohstoffe durch erneuerbare Energie ersetzt werden.

Monika Sahlin vom Ministerium für nachhaltige Entwicklung in Stockholm sagt: »Unsere Abhängigkeit vom Öl soll bis 2020 gebrochen sein.« Das 9-Millionen-Volk wird dann mehr Sicherheit und Unabhängigkeit haben

In Österreich werden heute schon 15 Prozent aller Energie aus nachwachsenden Rohstoffen gewonnen, in Bayern vier Prozent. Diese Energie-Politik ist umweltfreundlicher und preiswerter als Bauern Milliarden Euro Subventionen für Überschussproduktion und Vernichtung derselben zu bezahlen. Die Europäische Kommission schätzt, dass bis zur Mitte des 21. Jahrhunderts etwa ein Drittel aller Energie in der Europäischen Union aus Biomasse gewonnen wird – dies kann zu zwei Millionen neuen Arbeitsplätzen führen.

Schon heute werden Briketts aus Stroh, Wärme aus Schilfgras, Strom aus Blockheizkraftwerken, Autosprit aus Pflanzenöl, Papier, Kleidung und Verpackungsmaterial aus Hanf gewonnen. Landwirte gewinnen zunehmend Strom, Wärme und Autosprit aus Leindotter, Senf, Raps, Sonnenblumen, Hanf, Hederich und Öllein.

Diese Ölfrüchte wachsen in Mitteleuropa zuhauf und problemlos. Aus Hunderten von Arten kann weltweit reines Pflanzenöl gewonnen werden.

Unser wichtigster Lernprozess im 21. Jahrhundert heißt: Nutzen, was nachwächst, und nutzen, was die Natur uns kostenlos und immer wieder zur Verfügung stellt – neben der Sonne und der Biomasse auch den Wind und das Wasser.

Die neuen Möglichkeiten, Strom, Wärme und Biosprit aus nachwachsenden Rohstoffen zu gewinnen, werden die Landwirtschaft grundlegend verändern. Strom und Wärme vom Acker und Wald werden eine große Zukunft haben. Grünes Gold statt schwarzes Öl zeigt einen wichtigen Zukunftsweg.

7. Landwirte – die Ölscheichs von morgen?

Als ich 1992 das Buch »Schilfgras statt Atom – neue Energie für eine friedliche Welt« geschrieben und in Fernsehsendungen Biosprit-Autos vorgestellt hatte, sprachen viele von »Öko-Spleen«. Heute wird die Vision Realität. Landwirte werden Energiewirte oder deutlicher: Landwirte werden die Ölscheichs des 21. Jahrhunderts.

- In Brasilien fliegen die ersten Flugzeuge mit Ethanol, der aus Zuckerrohr gewonnen wird. Das Land produziert pro Jahr mittlerweile 15 Milliarden Liter dieses Alkohol-Treibstoffs. 2006 sollen 40 Prozent des Fahrzeugsprits damit abgedeckt werden.
- In der Steiermark gibt es viele Dörfer, die schon in wenigen Jahren ihre Energie zu 100 Prozent vom Acker und vom Wald beziehen: Strom, Wärme, Kühlung und Fahrzeugsprit.
- In den Vereinigten Staaten können 5 Millionen PKW mit E85 fahren. Schon 2007 sollen 19 Milliarden Liter dieses Gemischs hergestellt werden. George W. Bush sagte im Februar 2006 den für ihn überraschenden Satz: »Wir wollen, dass die Leute mit Treibstoff fahren, der in Amerika wächst.«

Lässt sich eine Flotte von weltweit 800 Millionen PKW auf nachhaltige Kost, auf Energie vom Acker umstellen?

Strom, Wärme UND BENZIN wachsen auf dem Acker

Ford und General Motors werben in den USA in riesigen Anzeigen für E85. Das ist ein Energie-Gemisch aus 85 Prozent Biosprit und 15 Prozent herkömmlichem Kraftstoff. Der Biosprit wird aus Mais gewonnen. Derzeit werden 59 Produktionsstätten aufgebaut und in den nächsten Jahren Tausende von E85-Tankstellen. Auch in Deutschland gibt es erste E85-Tankstellen.

Während in den USA E85 eine immer größere Rolle spielt und in Brasilien der Anteil von Ethanol im Sprit schon heute mindestens 25 Prozent betragen muss, fordert die EU bis Ende 2010 lediglich 5,75 Prozent aller Otto- und Dieselkraftstoffe für den Verkehrssektor durch Biokraftstoffe zu ersetzen.

VW und DaimlerChrysler, Ford und BMW erforschen im großen Stil alternative Energiequellen aus nachwachsenden Rohstoffen. Nachwachsende, umweltfreundliche Rohstoffe bzw. Abfallprodukte wie Getreide- und Maisstroh sollen die Räder zum Rollen bringen und den Ausstoß von Treibhausgasen, vor allem CO2, im Straßenverkehr reduzieren helfen. Die bei VW entwickelten Ethanol-Mischkraftstoffe und Motoren sind völlig kompatibel mit der heutigen Tankstelleninfrastruktur sowie den bereits vorhanden Fahrzeugen. Vor der »Grünen Woche« 2006 erklärte der Konzern, man wolle zusammen mit dem Mineralölhersteller Shell und dem kanadischen Biotech-Unternehmen prüfen, ob die Gewinnung von Ethanol aus Zellulose in Deutschland wirtschaftlich sei.

Nur was Land- und Forstwirtschaft mit Hilfe der Natur produzieren und wachsen lassen, ist Vermehrung von Gütern und nicht Abbau oder Ausbeutung, wenn ökologisch und nachhaltig gewirtschaftet wird. Das ist in Brasilien nicht immer der

Fall. Dort wurden 2005 rund 15 Milliarden Liter Bioethanol gewonnen. Obwohl Zuckerrohr nur auf einem Prozent der Ackerfläche des Landes angebaut wird, entstehen durch häufig konzentrierten und zentralisierten Anbau Umweltprobleme durch Monokulturen. Großflächiger Anbau kann zu Bodenerosion führen. Keine intelligente Lösung ist auch das gelegentliche Abholzen des Regenwaldes, um Zuckerrohrplantagen anzulegen. Aber das Problem ist lösbar und vermeidbar. Die Natur bietet uns Hunderte von Pflanzen an, die wir energetisch nutzen können, sowie Abfallstoffe aus Land- und Forstwirtschaft oder auch Gülle zum Vergasen. Die Gesamtwirtschaft wird von der Forst- und Landwirtschaft lernen müssen, was es heißt, mit der Natur zu wirtschaften.

Jede Naturökonomie, also nachhaltiges Wirtschaften, setzt eine regionalwirtschaftlich strukturierte Landwirtschaft voraus. Ohne eine revitalisierte Landwirtschaft kann es keine nachhaltige Wirtschaft geben. Und ohne eine nachhaltige Wirtschaft werden wir Menschen von dieser Erde verschwinden. Naturgesetze können wir nicht ändern. Wir werden lernen müssen, von dem zu leben, was nachwächst.

Landwirte werden Energiewirte

Wie ich im vorigen Kapitel dargelegt habe, ist Biomasse das Multitalent aller erneuerbaren Energieträger: Im Gegensatz zu Wind- und Sonnenenergie ist Biomasse einfach speicherbar. Sie ist schon von Natur aus gespeichert – wie Erdöl, Erdgas oder Kohle –, und zwar überall auf der Welt. Mehrere hundert Millionen Tonnen Treibhausgase können wir jährlich der Umwelt ersparen, wenn wir die Rohstoffe von Forst- und Landwirtschaft endlich energetisch nutzen lernen. Denn Bäume und

Pflanzen nehmen beim Wachsen über die Photosynthese genau so viel Kohlendioxid (CO_2) auf, wie sie beim Verbrennen, Verstromen oder Vergasen wieder freisetzen.

Landwirt – das ist der Urberuf jeder Gesellschaft. Bauern der Zukunft werden nicht nur ökologisch Lebensmittel erzeugen, sie werden auch Energieproduzenten und Rohstofflieferanten für die gesamte Gesellschaft sein. Sie werden verschiedene Sorten von Schilfgras, Hanf, Sonnenblumen, Raps, Flachs, schnellwachsende Bäume und Hölzer zur Energie- und Rohstoffgewinnung anbauen. Alles, was das Erdöl kann, können Hölzer und Pflanzenöle auch.

Nachwachsende Rohstoffe werden künftig zum Beispiel für Produkte der Grünen Chemie und des ökologischen Bauens verwendet, für Fernsehgeräte, Dämmstoffe und Verpackungsmaterial aller Art, beim Auto- und Fahrradbau.

Aus Schilfgras Benzin und Wärme, aus Hanf Baumaterial und Textilien, aus Sonnenblumen Schmierstoffe und Autositze herstellen: Das ist keine Utopie, sondern wird zum Teil heute schon umgesetzt. 1992 wurden in Deutschland auf etwa 75 000 Hektar nachwachsende Rohstoffe für Industrieprodukte angebaut, 2006 sind es bereits über eine Million Hektar.

Sommersonne für den Winter

Obwohl Biomasse-Energie die natürlichste Energiequelle der Welt ist, ist Deutschland bis heute ein Biomasse-Entwicklungsland gebieben. Pflanzen und Bäume wachsen direkt vor unserer Haustür – aber wir übersehen diese nachwachsende Energiequelle mit riesigen Potenzialen noch immer. So entfremdet sind wir der Natur! Im deutschen Wald verrotten zurzeit bis zu 40 Prozent des nachwachsenden Holzes zur Freude der Borkenkäfer. Dabei kann Biomasse als Brennstoff gespeicherte Sommersonne für den Winter sein.

Die Sonne bildet jeden Tag soviel organische Substanzen auf unserer Erde, dass wir damit einen Güterzug füllen könnten, der eine Länge von der Erde bis zum Mond hat. Bäume und Pflanzen sind die effektivsten Sonnenkollektoren.

Bauern haben Zukunft

In der Europäischen Union wird noch immer Landwirtschaftspolitik nach dem Motto betrieben: »Bauern brauchen wir eigentlich gar nicht, wir haben ja ALDI.« Allein in Deutschland geben jedes Jahr etwa 15 000 Bauern die Landwirtschaft auf. Ich halte diesen politischen, aber auch gesellschaftlichen Umgang mit dem Urberuf jeder Gesellschaft für eine Kulturschande. Wir haben in diesen Jahrzehnten das größte Bauernsterben der Geschichte.

Aber als Energie- und Rohstoffproduzenten können Bauern in ihrem Beruf wieder eine Berufung für eine bessere Zukunft sehen. In einer Zeit, in der nicht nur das brutale Bauernsterben fortschreitet und Landwirte durch die EU-Osterweiterung noch mehr Konkurrenz bekommen, bietet umweltfreundliche Energie vom Acker den Bauern eine Perspektive. Werden die von der EU subventionierten stillgelegten Ackerflächen und die durch Abbau von Überproduktion freiwerdenden Agrarflächen für den Anbau von Grünmasse genutzt, hat dies heute und für die Zukunft positive Effekte.

- Die Vegetation wird gefördert anstatt vernichtet.
- Organischer Müll, Gülle und Klärschlamm können sinnvoll und gewinnbringend genutzt werden.

– Ländliche Räume können wirtschaftlich gesunden. Dort entstehen neue Arbeitsplätze. Die Landflucht kann gestoppt werden, denn junge Leute finden ihr Dorf wieder attraktiv und bleiben dort wohnen.

Jürgen Schmid, Vorstand des Instituts für Solare Energieversorgungstechnik in Kassel weist darauf hin, dass in Europa der Strompreis bei fünf Cent pro Kilowattstunde auf Bio-Strom umgestellt werden kann. An der Strombörse in Leipzig kostet der Strom im Frühjahr 2006 etwa sieben Cent je KWh. Dieser Preis hat sich innerhalb eines Jahres verdoppelt. Inzwischen ist Strom aus Biomasse preiswerter als der aus Braunkohle oder in AKWs gewonnene.

Jürgen Schmid ist Professor an der Uni Kassel und Mitglied des Wissenschaftlichen Beirats der Bundesregierung für Globale Klimaveränderungen. Er sieht die künftige Stromversorgung Europas so:

– 60 Prozent des Stroms aus Windkraft
– 20 Prozent aus Biomasse und
– 20 Prozent aus Wasserkraft

Voraussetzung sei freilich, die Windmühlen entlang der europäischen Westküste aufzubauen. Schon bis 2020 könne der Windstrom 30 Prozent des europäischen Strommarktes abdecken.

Schmid rechnet damit, dass sich die Heizenergie um 80 Prozent reduzieren lasse und ausschließlich Biomasse-Energie unsere Fahrzeuge antreiben werde. Josef Auer von der Deutschen Bank nannte die heutige Ölpreis-Entwicklung »nur ein Vorspiel«. Das Ende des Ölzeitalters sei absehbar. Schon heute seien Pellets aus Holz preiswerter als Öl oder Gas.

Der Ölpreis liegt 2006 bei 70 Dollar pro Barrel, Biotreibstoffe kosten zwischen 45 und 55 Dollar.

Josef Schmidhuber von der Food and Agriculture Organisation der Vereinten Nationen in Rom sieht ebenfalls ein riesiges Nachfragepotenzial nach Biomasse-Energie. Der gesamte Weltenergieverbrauch beträgt 2006 428 Exajoule – davon werden etwa 12 Prozent aus Biomasse gewonnen – bis 2050 könnten jedoch 30 Prozent des Weltenergieverbrauchs aus Biomasse gewonnen werden, obwohl sich der Energieverbrauch global bis zur Mitte des Jahrhunderts etwa verdoppeln werde.

Die Energierebellen von Jühnde

Dem Bürgermeister der niedersächsischen Gemeinde Jühnde durfte ich im September 2005 in Berlin den »Europäischen Solarpreis« überreichen. Was war passiert? Jühnde wurde zum Bioenergiedorf. Das heißt: Die niedersächsische Kommune ist das erste Dorf in Deutschland, das zu 100 Prozent seine Energieversorgung aus nachwachsenden, heimischen Rohstoffen organisiert. Es wird sogar doppelt so viel Strom produziert wie die 750 Einwohner verbrauchen.

Bürgermeister August Brandenburg stolz: »Mit aktiver Beteiligung unserer Bürger haben wir eine zukunftsfähige und nachhaltige Energieversorgung aufgebaut, die beispielhaft für andere Dörfer sein soll.« Als ich Bauern in Jühnde fragte, warum macht ihr das, bekam ich diese Antworten:

- Wir nutzen heimische Rohstoffe und stärken damit unsere Region.
- Die Arbeitsplätze entstehen hier im Ort bei uns und
- Das Kapital bleibt hier.

Das ist die intelligenteste Antwort auf die Herausforderung

der Globalisierung, die ich je gehört habe. In Jühnde wird nicht gejammert, Jühnde wurde selbst aktiv. Dieses niedersächsische Dorf ist Deutschlands erste energieautarke Kommune. Jühnde zeigt, dass eine intelligente Sonnenstrategie zur Energieautonomie führen kann. Die Energieversorgung in Jühnde wird jetzt mit einer Biogasanlage mit 700 kW und einem Holzhackschnitzelheizwerk mit 550 kW gesichert, die Verteilung der Wärme erfolgt über ein Nahwärmenetz mit einer Gesamtlänge von 5500 m. Die Anlagen werden ausschließlich mit lokalen Rohstoffen betrieben: Biogas wird aus der Gülle von 800 Kühen und 1400 Schweinen sowie aus Gras, Grünschnitt und anderen Pflanzen produziert und befeuert ein Blockheizkraftwerk, das jährlich 4 000 000 kWh Strom produziert, doppelt so viel wie alle Bürger von Jühnde verbrauchen.

Das bringt dreifache Gewinne:

- Ökologische Gewinne: Weite Transporte entfallen. Im Biodorf Jühnde werden jetzt pro Jahr 3300 Tonnen Treibhausgase eingespart.
- Ökonomische Gewinne: Energie aus heimischen nachwachsenden Rohstoffen ist preiswerter als Öl oder Gas.
- Soziale Gewinne: Arbeitsplätze werden erhalten und neue im Dorf geschaffen.

Die Energierebellen von Jühnde zeigen E.on, RWE und Co, was heute schon möglich ist. Ihr Modell kann überall umgesetzt werden.

Heizen mit Weizen?

Darf man auch Getreide zur Energiegewinnung nutzen? Heizen mit Weizen, wenn anderswo Menschen verhungern?

Getreide wächst in einem Jahr nach und Heizöl in 50 Millionen Jahren. Welches Verfahren ist nun ethischer – das umweltfreundliche Heizen mit Weizen oder das gnadenlose Verbrennen von Erdöl, welches den Planeten aufheizt? Heizen mit Weizen ist natürlich ethisch vertretbar, aber unseren Kindern die Zukunft zu verbrennen ist es nicht.

Und was ist mit dem Welthunger, wenn wir Weizen verheizen?

1. Der Hunger in Afrika wird nicht durch Überschuss-Produktion bei uns gelöst.
2. Wenn wir weiter Kohle, Gas und Erdöl wie bisher verbrennen, dann entsteht noch viel mehr Hunger in der Dritten Welt durch den Treibhauseffekt. Schon heute sind in Afrika etwa 15 Millionen Menschen auf der Flucht nach der nächsten Wasserstelle. Unser bisheriges Energieverhalten in den Industriestaaten ist eine Katastrophe für die afrikanische Landwirtschaft und die Hauptursache für den Hunger in Afrika.

Sentimentalitäten helfen nicht, sondern nur nüchterne Analysen der Problem-Ursachen. Erst danach können wir wirklich ethisch argumentieren.

Wenn die Landwirte in den Industriestaaten künftig auch Energiewirte werden und – vielleicht – 30 Prozent der Gesamtenergieverbräuche zur Verfügung stellen, ist dem Klimaschutz gedient **und** den Menschen in der Dritten Welt. Denn bisher hat der Klimawandel hauptsächlich in Dritte-Welt-Ländern Millionen Menschen das Leben gekostet.

8. Strom aus heiterem Himmel

Wir kennen die Lösung der Energiekrise: In einigen Jahrzehnten gewinnen wir alle Energie aus Windkraft, der Sonne, aus nachwachsenden Bioenergiequellen, aus Erdwärme und Wasserkraft. Bioenergie vom Acker und vom Wald ist die vielseitigste aller erneuerbaren Energiequellen. Die Solarenergie ist die populärste – aber Windkraft die dynamischste, obwohl es in Deutschland rund 1000 Bürgerinitiativen gegen Windräder gibt. Andererseits preisen Wissenschaftler rund um den Globus Deutschland dafür, dass es in den letzten 15 Jahren über 19 000 Windräder aufgestellt hat und damit bereits fünf Atomkraftwerke ersetzen kann.

Windkraft ist wie die Sonne ein kostenloses Geschenk des Himmels, das uns für alle Zeit zur Verfügung steht – ohne Dieselruß und ohne atomare Abfälle zu hinterlassen. Allein hierzulande erspart sie der Umwelt jedes Jahr 18 Millionen Tonnen Treibhausgase. Um Öl werden Kriege geführt, aber die Windkraft wird nie ein Kriegsgrund sein. Jedes Windrad ist ein Zeichen des Friedens.

Die Produktion von Windrädern in Deutschland hat bereits 67 000 Arbeitsplätze geschaffen (in Atomkraftwerken sind noch 38 000 Menschen beschäftigt). Zwei Drittel der hier produzierten Windräder gehen ins Ausland – auch in die USA, nach Frankreich und Osteuropa. In den letzten Jahren habe ich in Australien und Neuseeland, in Indien und China, in Taiwan und Südkorea, in Brasilien und Argentinien deutsche Windräder gesehen. Endlich hat Deutschland wieder einen zukunftsfähigen Exportschlager.

Auf der Ostseeinsel Fehmarn stehen 150 Windräder und bringen 3-mal mehr Strom, als alle 12 000 Einwohner der Insel und die drei Millionen Übernachtungsgäste zusammen verbrauchen. Ein Bürgermeister auf Fehmarn berichtete mir von anfänglichem Widerstand gegen die Windmühlen, der jedoch abebbte, als sich die Bewohner von den realen Vorteilen einer umwelt- und klimafreundlichen Energiegewinnung vor Ort überzeugen konnten. So ist es an vielen Orten.

Am Pfingstmontag 2005 durfte ich in der Gemeinde Dardesheim in Sachsen-Anhalt einen Windpark mit 19 Windrädern einweihen – 2006 kommen weitere 15 dazu. Die kleine Gemeinde mit etwa 1500 Einwohnern produziert dann sauberen Strom für beinah ½ Million Menschen. Dieser Windpark erspart der Umwelt jedes Jahr 160 000 Tonnen Treibhausgase.

Windparks im Meer ersetzen Atomkraftwerke

Heute wissen wir: Wer Wind erntet, kann seine Atomkraftwerke schließen. In der Nordsee werden ab 2008 die ersten deutschen Offshore-Windparks aufgestellt: zum Beispiel der Bürgerwindpark Butendiek. Einer der größten genehmigten Offshore-Windparks der Welt ist ein Bürgerwindpark. Neun Windkraftexperten haben vor 15 Jahren die kühne Idee entwickelt, 20 000 Anteile an Bürger zu verkaufen und so 400 Millionen Euro zusammenzubekommen. Die Windenergie-Nutzung hat eine Volksbewegung ausgelöst. 250 000 Menschen haben in Deutschland seit 1990 in Windkraft investiert.

Schon heute stellt die Windenergie im nördlichsten Bundesland 36 Prozent des Stroms, in Mecklenburg-Vorpommern

31 Prozent und in Sachsen-Anhalt 27 Prozent. Die Energiewende kommt von unten.

- Das Werk der Butendieker Bürgerbewegung ist ein politisches Beispiel dafür, wie Menschen ihre umweltfreundliche Energieversorgung künftig selber in die Hand nehmen. Die Anteilseigner kommen aus allen sozialen Schichten – unter ihnen Bauern, Steuerberater, Lehrer, Handwerker und etwa 2000 Kinder, deren Eltern ein Zeichen für die Zukunftsfähigkeit einer ländlichen Region gesetzt haben. Viel Wind für viele Menschen – aus der Region für die Region.
- Mit dem Windpark Butendiek werden 800 000 Menschen mit Ökostrom versorgt. Insgesamt können dort jährlich etwa 800 Millionen Kilowattstunden Strom erzeugt werden.
- Jede Bürgerin und jeder Bürger, die einen Anteilschein gekauft haben, versorgt künftig zehn Haushalte oder 40 Personen mit regenerativem Strom.

Politiker aller Parteien unterstützen das Projekt. Auch Angela Merkel sagt: »Windkraft hat eine große Zukunft.«

Das Erneuerbare-Energien-Gesetz garantiert den Anteilseignern eine Rendite für mindestens 20 Jahre. Die 68-jährige Rentnerin Elke Schweighöfer aus Emmelsbüll-Horsbüll: »Wir leben hier mit dem Wind, also können wir auch an ihm verdienen.« Der 36-jährige Tischler Knud Nicolaisen aus Linnau: »Die ganze Familie hat gezeichnet. Windenergie ist zukunftsträchtig.«

Windiger Protest

Shell will ab 2008 etwa 200 Windräder à fünf Megawatt in die Nordsee stellen. Dieser eine Windpark wird ein Atomkraftwerk ersetzen. Doch den Windfreunden bläst der Wind auch häufig ins Gesicht. Die meist gebrauchten Mythen gegen Windräder:

– sie verschandeln die Landschaft,
– sie töten Vögel,
– sie sind laut und nicht schön.

Über 200 000 Strommasten in der deutschen Landschaft sind akzeptiert, aber 19 000 Windräder stören – da wird mit zweierlei Maß gemessen. Nach dem Motto: »Hauptsache dagegen« wird Deutschland nicht zukunftsfähig. Ich erinnere mich, als Kind gelegentlich tote Vögel an Strommasten gefunden zu haben. Wo bleibt heute der Protest gegen Zehntausende von Strommasten als Vogeltöter im ganzen Land! Wo bleibt der Protest gegen 44 Millionen PKW in Deutschland, auf deren Scheiben und unter deren Rädern jedes Jahr mehrere Hunderttausend Vögel getötet werden?

Es kann schon sein, dass gelegentlich ein Vogel gegen ein Windrad fliegt und stirbt. Im Jahr 2004 sollen an deutschen Windrädern 17 tote Vögel gefunden worden sein. Im Normalfall aber fliegen Vögel so selbstverständlich um die Windräder herum wie seit Jahrhunderten um jeden Kirchturm. Wegen unserer derzeitigen Energieproduktion stirbt allerdings nicht nur »gelegentlich ein Vogel« – es sterben jeden Tag zwischen 70 und 150 Tier- und Pflanzenarten komplett aus. Nach Lust und Laune werden in Deutschland Treibhausgase aus Schornsteinen und Auspuffrohren geblasen. Aber ausgerechnet den umweltfreundlichsten Energieproduzenten werden die schärfsten Naturschutzauflagen erteilt.

Ich bin sicher: Die Zahl der Menschen, die sich künftig an Anlagen erneuerbarer und umweltfreundlicher Windenergie erfreuen und daraus Zukunftshoffnung gewinnen, ist weitaus größer als die Zahl derer, die mit sehr windigen Argumenten viel Wind gegen die Windkraft erzeugen – seien es »Naturschützer« oder Energiemonopolisten.

Dogmatisierter Naturschutz stellt sich selbst in Frage. Ohne Zehntausende zusätzlicher Windenergieanlagen in Deutschland und in vielen Ländern der Welt wird es kein Entrinnen aus der Klimakatastrophe geben. Strom aus Wind ist ein unverzichtbarer Beitrag zur ökologischen natürlichen Energieproduktion. Windenergie dient dem Umweltschutz *und* selbstverständlich damit auch dem Naturschutz. In Zeiten des Treibhauseffektes kann es keinen effektiven Landschaftsschutz ohne Klimaschutz geben. Und zum klimaschützenden neuen solaren Energiemix gehören nun einmal Windräder an windgünstigen Standorten.

Der heftige Kampf gegen die Windmühlen erinnert mich an den irrationalen Widerstand gegen die ersten Eisenbahnen vor 170 Jahren in Deutschland. Damals war auf Flugblättern zu lesen, Eisenbahnen seien unverantwortlich, weil bei den »hohen Geschwindigkeiten von 28 Kilometern pro Stunde die Kühe entlang der Bahnlinien vor Schreck tot umfallen« würden.

In Deutschland ist heute kein Argument zu dumm, um nicht gegen erneuerbare Energien ins Feld geführt zu werden – wie früher gegen die Eisenbahnen. Der Einwand, Windräder verschandelten die Landschaft, ist besonders peinlich. Keine Form der Energiegewinnung braucht sowenig Platz wie die Windenergie. Zudem finde ich Windräder schöner als Atomkraftwerke oder Braunkohle-Landschaften. Deutsche Richter erklären am Beginn des 21. Jahrhunderts Windräder zu einer »Gefahr für Leib und Leben von Menschen ...« Warum werden nach derselben Logik nicht sofort 44 Millionen PKW in Deutschland zu einer Gefahr für Leib und Leben von Menschen erklärt?

Die meisten Deutschen sind gegen Atomenergie. Ich auch. Aber gerade deshalb kann ich seriöserweise nicht auch noch gegen Windräder sein. Denn irgendwo muss unser Strom produziert werden.

In Europa sind 69,4 Prozent der gesamten Windkraftanlagen installiert, in Amerika 17 Prozent, in Asien 11,9 Prozent, in Australien/Pazifik 1,3 Prozent und in Afrika 0,4 Prozent. Der internationale Windenergiemarkt ist in den letzten Jahren stetig gewachsen und wird weiter boomen: 2003 waren etwa 8100 Megawatt hinzugekommen, 2004 waren es 8300 Megawatt. Das war eine Steigerung von 21 auf 24 Prozent. 2005 ist die neu installierte Leistung gegenüber 2004 um 23 Prozent auf über 11 000 Megawatt (MW) gewachsen. In Europa betrug die Steigerungsrate 16 Prozent, außerhalb Europas sogar 73 Prozent.

Bis zum Jahr 2014 sollen weltweit Windenergieanlagen mit einer Leistung von insgesamt rund 210 000 Megawatt (MW) installiert sein. Derzeit sind Anlagen mit zusammen 59 000 MW am Netz. Der bis 2014 prognostizierte Zuwachs beträgt somit 151 000 MW. Das ist das Ergebnis der WindEnergy-Studie 2006, die von der Hamburg Messe im Vorfeld der internationalen Leitmesse WindEnergy – International Trade Fair präsentiert wurde. Als die wichtigsten Zukunftsmärkte haben die befragten Firmen Deutschland, Frankreich, Spanien und USA genannt. Auch Schweden hat beschlossen, viele tausend Windräder zu installieren.

Der indische Präsident der »World Wind Energy Association« (WWEA) erklärte: »Wir werden unsere Kräfte verstärken, um in Zukunft noch weit mehr umweltfreundliche Energie aus Windkraft zu gewinnen. Windenergie bietet große Entwicklungschancen für Dritte-Welt-Länder.«

9. Die Sucht Autofahren ist heilbar – neue Wege im 21. Jahrhundert

Zur solaren Energiewende gehört die ökologische Verkehrswende, denn etwa 25 Prozent aller Energie brauchen wir für unsere Mobilität. Aber welche Mobilität? Muss es unbedingt und immer das Auto sein?

Am Beginn der Bundesrepublik Deutschland wurde im Grundgesetz die Todesstrafe abgeschafft. Doch seither wird sie in Deutschland mehr praktiziert als je zuvor. Allein in den alten Bundesländern wurden seit 1949 mehr als 650 000 Menschen im Straßenverkehr getötet. In derselben Zeit wurden auf westdeutschen Straßen über 23 Millionen Menschen verletzt. Hunderttausende dieser Verletzten sind für ihr ganzes Leben behindert und sitzen im Rollstuhl. Und zu diesem Wahnsinn soll es keine Alternative geben? Es gibt sie: Flächenbahn statt Autowahn.

Wissen wir eigentlich, was wir tun, wenn wir ins Auto steigen? Wo bleibt im Autoverkehr das in allen Religionen und Kulturen gültige Gebot: »Du sollst nicht töten?« Wir müssen die Frage nach der Verantwortbarkeit der verschiedenen Reisemöglichkeiten stellen. Mit öffentlichen Verkehrsmitteln zu reisen, ist etwa 100-mal sicherer als im Auto.

Weitere Frage: »Was ist eher verantwortbar – mit einem Auto zu reisen, das auf 100 Kilometer acht bis neun Liter Benzin verbraucht und entsprechend die Umwelt belastet oder mit der Bahn zu fahren, wo auf dieselbe Entfernung höchstens ein Drittel bis ein Viertel der Umweltbelastung entsteht? Mit jedem Liter Benzin verpesten wir 10 000 Liter Luft. Wie wollen wir das verantworten gegenüber künftigen Generationen, wo es doch häufig Alternativen wie den grundsätzlich umweltverträglicheren und weit sichereren Schienenverkehr gibt?

Ich schreibe diese Zeilen an Ostern 2006. Wie an allen Feiertagen sind die Nachrichtensendungen wieder voll von Staus, Unfällen und Verkehrstoten. Manchmal sind die Staumeldungen länger als die politischen Meldungen.

Jeden Tag sterben auf Deutschlands Straßen 15 Menschen – mehr als 1000 werden verletzt. Was früher die Panzer auf den Schlachtfeldern anrichteten, besorgen heute die Autos auf unseren Straßen. Dieser globale Krieg bringt auch 2006 wieder etwa 1,2 Millionen Tote und mehr als 100 Millionen Verletzte. Das sind mehr Opfer als in allen bewaffneten Konflikten zusammen. Tendenz stark steigend – hauptsächlich durch die zunehmende Automobilisierung in Ländern wie China, Indien, Indonesien, Brasilien, Argentinien und Südafrika. Die UNO schätzt, dass weltweit in den nächsten 30 Jahren etwa 44 Millionen Menschen im Straßenverkehr getötet und über eine Milliarde verletzt werden.

Der millionenfache Mord und Tod auf unseren Straßen ist freilich kein unvermeidbares Naturereignis.

Das Statistische Bundesamt analysiert die Unfallursachen für Deutschland. Danach waren 2004 von je tausend beteiligten Fahrzeugen an Unfällen mit Personenschaden als Ursachen feststellbar:

– nicht angepasste Geschwindigkeit	117
– Nichtbeachten der Vorfahrt	99
– Ungenügender Abstand	77
– Fehler beim Abbiegen	53
– Falsche Straßenbenutzung	46

– Alkoholeinfluss	34
– Genereller Fahrfehler	29
– Falsches Verhalten gegenüber Fußgängern	28

Individuelle Fehler sind jedoch nur ein Teil des Problems. Das Hauptproblem ist die System- und Strukturfrage an die Politik: Warum werden die öffentlichen Verkehrssysteme nicht endlich massiv ausgebaut?

Der ADAC hat ausgerechnet, dass Zug fahren höchstens ein Drittel dessen kostet, was wir für die gleiche Strecke mit dem Auto ausgeben! Die Umweltverbände und Umweltpolitiker aller Parteien machen uns seit Jahren auf diese Zusammenhänge aufmerksam. Wir wissen längst, was wir tun, wenn wir das Auto statt die Bahn benutzen. Aber warum tun wir nicht, was wir wissen?

Hauptsächlich Männer sind autoverrückt. Am Beginn des neuen Jahrhunderts verbringt ein deutscher Mann im Durchschnitt jährlich mehr Stunden seines Lebens im Stau (nämlich 67 Stunden) als beim Sex (40 Stunden). Soll das modern sein? Ist das die Lebensqualität, von der wir träumen? Ich fahre, also bin ich?

Luftqualität ist Lebensqualität

Mit dem Ziel, die Schöpfung bewahren zu helfen und die Fülle und Freude des Lebens zu genießen, ist das heutige Auto nicht zu vereinbaren. Es stiehlt uns Zeit und Geld und Gesundheit. Den schönen blauen Planeten können wir vergessen, wenn demnächst 10 Milliarden Menschen so automobil sein wollen, wie wir es heute sind. Es geht nicht um Verzicht und Askese, es geht um mehr Lebensqualität für alle. Und Luftqualität ist Lebensqualität.

Die von Autos verpestete Luft macht in vielen deutschen Innenstädten krank – hauptsächlich Kinder –, sie ist zum Stein erweichen, wie viele Denkmalschützer zu recht beklagen. Das Auto ist wie eine gesellschaftliche Droge. Die Politik hat seit Jahrzehnten Autopolitik gemacht, wo Verkehrspolitik nötig wäre. Im Herbst 2002 trafen beim Bundestagswahlkampf zwei »Auto-Männer« aufeinander: Schröder – Stoiber. Das sagt viel über unsere gesellschaftliche Befindlichkeit. Ein Bahn-Kanzler oder eine Bahn-Kanzlerin, die wir dringend bräuchten, ist auch heute nicht absehbar.

Die deutsche Autopolitik der letzten fünfzig Jahre hat mehr städtisches Leben zerstört als die Bomben im Zweiten Weltkrieg. Der real existierende PS-Fetischismus auf unseren Straßen ist aggressiv und macht aggressiv. Er ist gewalttätig gegen das Leben. Zu einer wirklichen Lebensqualität gehört eine entspannte Mobilität. Doch auf Autobahnen erleben wir häufig Kriegssituationen.

Zu meiner Vision für ein zukunftsfähiges Deutschland gehört eine Verfünffachung des öffentlichen Verkehrs in den nächsten 25 Jahren. Dann können wir 80 Prozent und mehr unserer Mobilität mit öffentlichen Verkehrsmitteln zurücklegen, und den Rest schaffen wir mit umweltfreundlichen PKWs: Solarautos, Ein-Liter-Autos, Drei-Liter-Autos, Biosprit-Autos, Brennstoffzellen-Autos, die mit solarem Wasserstoff fahren und modernen Hybrid-Autos, die eine spritsparende Kombination eines Benzin- und eines Elektro-Autos haben.

Wie aber kommen wir raus aus der Autofalle? Verkehrsplaner in ganz Deutschland haben menschen- und umweltfreundlichere Verkehrsstrategien entwickelt. Drei Alternativen möchte ich aufzeigen:

Erstens: Ausbau des öffentlichen Verkehrs durch

- mehr Investitionen für Bahn und Bus,
- Ausbau des Straßenbahnnetzes,
- grundsätzliche Vorfahrt für Bus und
- Straßenbahnen,
- Umwandlung von Kfz-Spuren in Bus- und Taxispuren,
- überdachte Fahrradabstellplätze an öffentlichen Haltestellen,
- variablen Busausstieg im Spätverkehr,
- Taxiruf in Bussen und Straßenbahnen,
- bessere Wagenqualität und Komfort: Zeitungsverkauf und Kinderbetreuung im Zug, besseres Essen im Fernverkehr, Frühstück in Straßenbahn und Nahverkehrszug,
- bessere Vernetzung zwischen Fern- und Nahverkehr,
- mehr Züge im Nahverkehr,
- bessere Kundeninformation,
- autofreie Innenstädte wie in Regensburg,
- weniger Parkplätze für PKW,
- Geschwindigkeitsbeschränkungen.

Zweitens: Ausbau von Fahrradwegen:

- Fahrradwege und Fahrradnetze in allen Städten durch die Umwandlung von Kfz-Spuren,
- Vernetzung von öffentlichem Verkehr und Fahrrad,
- Öffnung aller Einbahnstraßen für Fahrräder in beiden Richtungen,
- Fahrradzentren an Bahnhöfen,
- bequeme Radmitnahme in Zügen, Bussen und
- Straßenbahnen,
- Autofahrverbot auf besonders schönen Straßen in der Ferienzeit.

Drittens: Ausbau des Fußgängerverkehrs:
- mehr Zebrastreifen,
- kein Parken auf Gehwegen,
- verbreiterte Bürgersteige,
- Umbau von Parkplätzen in Spiel- und
- Aufenthaltsplätze,
- Bau von Spielstraßen,
- Sofortgrün bei Anforderungsampeln.

In Deutschland dürfen Kinder längst nicht mehr auf der Straße spielen. Wir machen Verkehrspolitik nach dem Motto: »Leute, sperrt eure Kinder ein, damit die Autos draußen ruhig weiter spielen können.« Bei uns müssen Städte weit eher autogerecht als kindergerecht sein. Die Vergreisung der Republik hat ihre Ursache auch in der real existierenden Kinderfeindlichkeit. Wir haben weit mehr Parkplätze als Kinderzimmer.

Es gibt in ganz Deutschland keine Kommunalpolitikerin und keinen Kommunalpolitiker, die nicht noch heute mit dem Umsetzen des oben aufgezeigten Verkehrskonzeptes beginnen könnten! In Oberstdorf, in Bremen und Solingen, in Heidelberg und Berlin, in Rostock und auf Rügen, in Homburg/Saar und anderen Orten sind diese Vorschläge in einigen Details schon realisiert – aber nirgendwo komplett.

Die Erfahrung zeigt: Wer Straßen baut, wird noch mehr Autos ernten; wer aber Radwege baut, bekommt mehr Radfahrer. Das ist ein Grundgesetz jeder Kommunalpolitik. Glücklich die Stadt, die viele Radler hat. In Münster zum Beispiel fährt auch der Oberbürgermeister mit dem Fahrrad in sein Büro.

10. Es ist höchste Eisenbahn für die Verkehrswende – mobil ohne Auto

Seit 20 Jahren versprechen deutsche Autobauer, umweltschonende Autos zu bauen. Stattdessen bauen sie nach wie vor Dreckschleudern, die bis zu 18 Liter Benzin für 100 Kilometer schlucken. Nicht das Erzählte reicht, sondern nur das Erreichte zählt. »Hybrid statt Hybris« wäre ein Zukunftsweg. Das erfolgreichste Hybrid-Auto der Welt, der »Prius« von Toyota, geht zwar auf eine Erfindung an der Hochschule Aachen im Jahr 1972 zurück, aber die Arbeitsplätze entstehen jetzt in Japan. Die deutschen Autobauer haben diese moderne Technik ebenso verschlafen wie den Dieselrußfilter.

Ausgerechnet ein Konzern, der sich Volkswagen nennt, baute in den letzten Jahren 3000 Bugattis: Ein Luxusauto mit 1001 PS, das für 100 Kilometer 100 Liter Benzin verbraucht. Also 1 Liter Benzin pro Kilometer. Dieser »Volkswagen« kostet eine Million Euro. Hier wird lediglich der Größenwahn der Geldgierigen befriedigt. Mit volkswirtschaftlicher Verantwortung hat der Bau solcher Idiotenautos ebenso wenig zu tun wie die Einstellung der Produktion des Drei-Liter-Autos »Lupo« und die das Ein-Liter-Auto gar nicht zu produzieren. Letzteres war ein reines Ökofeigenblatt.

Hitlers Verkehrsminister rechtfertigte den Autobahnbau 1935 so: »Keine Landschaft ist zu schade für die Straßen des Führers«. An der Philosophie, Verkehrspolitik sei Autopolitik um jeden Preis, hat sich bis heute nichts Grundsätzliches geändert.

Im Gegenteil. Dabei ist der Bau von Straßen in den wenigsten Fällen wirtschaftlich. Doch stillgelegt werden nur angeblich unrentable Bahnlinien, unwirtschaftliche Straßen gibt es dafür immer mehr.

Nach 1945 wurden in Westdeutschland 240 000 Kilometer Straßen gebaut oder ausgebaut und mehr als 15 000 Kilometer Bahngleise stillgelegt. Wer sich morgens ins Auto setzt und mehr als 20 Kilometer fährt, wird vom ersten gefahrenen Kilometer an vom Finanzamt belohnt: Durch die Kilometerpauschale, auch unter einer rot-grünen Bundesregierung, deren Chef eben ein irrationaler Automann war. Wer läuft, Rad fährt, Bus oder Bahn benutzt, wird bestraft. Er kommt nämlich nicht in den Genuss einer ähnlich hohen Kilometerpauschale. Wer also die Natur belastet, wird belohnt; wer die Natur entlastet, wird bestraft. Es gibt noch weitere Widersprüche einer so genannten Verkehrspolitik, die in Wirklichkeit Politik für das Auto ist.

Toyota macht's möglich

Die letzte Internationale Automobilausstellung hat wieder einmal gezeigt: Japan hat sämtliche deutsche Autobauer inzwischen abgehängt. Hybridautos von Toyota und Honda verbrauchen ein Drittel weniger Sprit als entsprechende deutsche Autos. Das Hybridauto hat eine völlig neuartige Antriebstechnik, die einen herkömmlichen Benzinmotor kombiniert mit einem Elektromotor. Und den Strom erzeugt das Auto selbst. Der japanische Mittelklassewagen von Toyota hat den hintergründigen Namen »Prius« – der Frühere. Der »Prius« wurde 2004 und 2005 »Auto des Jahres« und bringt Toyota Riesengewinne. Lange haben ihn die deutschen Automanager als »Spinnerei« abgetan. Übrigens: Die »Spinner« an der Spitze der japanischen Autobauer begnügen sich mit einem Fünftel des Gehalts ihrer deutschen Kollegen, dafür sind sie erfolgreicher. Für deutsche Spitzengehälter würden sie sich vor ihren Mitarbeitern schämen.

Hybrid-Autos, die jetzt in Deutschland und in den USA immer mehr gekauft werden, schaffen Arbeitsplätze in Japan und Dieselautos mit eingebautem Rußfilter Arbeitsplätze in Frankreich. Dafür entlassen die deutschen Autobauer immer mehr Arbeitnehmer. Aber nicht die deutschen Arbeiter, sondern die Nieten in Nadelstreifen an der Spitze der Konzerne haben gepennt.

Bis 2008 wollen zwar auch VW, DaimlerChrysler und Opel Hybridautos auf den Weltmarkt bringen, selbst das wird den Arbeitsplätzen im deutschen Automobilbau nicht viel nutzen, denn Toyota will bis dahin das »Null-Emissionsauto« bauen. Die Japaner machen bereits Werbung dafür. Das ist die einzig intelligente Antwort auf immer höhere Benzinpreise.

Obwohl deutsche Autohersteller leider noch immer keine energiesparenden Autos produzieren, bauen sie ihre Autos mit relativ wenig Ressourcenverbrauch. Dazu hat sie der Bundesdeutsche Arbeitskreis für Umweltbewusstes Management immer wieder animiert. DaimlerChrysler und BMW stehen in der neuen Nachhaltigkeitsstudie im europäischen Vergleich ganz oben. Daimler hat demnach im Jahr 2003 einen Wert von 30 Milliarden Euro für die Umwelt geschaffen. Oder anders gesagt: Wäre der schwäbische Autokonzern so schlampig mit Ressourcen umgegangen wie der Durchschnitt der europäischen Wirtschaft, dann hätte er für dieselben Produkte 30 Milliarden Euro mehr aufwenden und entsprechend die Umwelt belasten müssen.

Der Kluge fährt im Zuge

Im öffentlichen Verkehr sind die Manager der Schweizer Bahn ihren deutschen Kollegen um Lichtjahre voraus. Die Schweizer feierten 2002 ihr 100-jähriges Bahnjubiläum. Motto: »Der Kluge fährt im Zuge.« Die Eidgenossen fahren beinahe 3-mal mehr Bahnkilometer pro Jahr als wir Deutschen. Warum machen wir es ihnen nicht nach?

Wenn ich mitunter von morgens bis abends in Schweizer Zügen unterwegs bin, überzeugt mich nicht nur die Pünktlichkeit auf die Minute oder gar auf die Sekunde, sondern auch die Abstimmung der Fahrpläne bis hin zum Rufbus.

Auch in Deutschland gibt es großartige, intelligente Mobilitäts-Vorbilder: die Straßenbahnen in und um Karlsruhe und Freiburg, die bewusste Radfahrer-Politik in Münster, Osnabrück und Heidelberg, den Rheinland-Pfalz-Takt der Bahn, die Mobilitätsmöglichkeiten um den Bodensee oder das Bus-System der Städte Lemgo und Bielefeld, wo sich die Zahl der Benutzer in wenigen Jahren verdreißigfacht hat, weil das Angebot, der Takt, der Service und der Preis stimmen.

Die schöne Bodenseestadt Lindau drohte am Autoverkehr zu ersticken. Es gab nur Regionalbusse. Da hat die Stadtverwaltung ein modernes System von Rufbussen und Anrufsammeltaxen mit modernen Land- und Ortsbussen aufgebaut, das mit einer modernisierten Regionalbahn kombiniert wurde. Innerhalb von fünf Jahren schnellten die Fahrgastzahlen von 30 000 pro Jahr auf drei Millionen hoch – das ist eine Verhundertfachung.

Solche Erfolge sind überall möglich, wenn sie politisch gewollt sind und die Verantwortlichen daran glauben. Leider sind diese Erfolgsmodelle für moderne Mobilität in Deutschland eine Ausnahme. Sie müssen aber zur Regel werden, wenn unser Land eine gute Zukunft haben soll.

In Holland werden 42 Prozent aller Wege mit dem Fahrrad zurückgelegt, in Deutschland sieben Prozent. Immerhin gibt es seit 2002 in Deutschland einen Bundesfahrrad-Plan. Die Mittel zum Ausbau der Fahrradwege wurden verdoppelt. In den Niederlanden ist Fahrradpolitik Teil der Regierungspolitik. Bis 2010 sollen dort 70 Prozent aller Wege mit dem Rad zurückgelegt werden können. Wer den Fahrradverkehr in Holland erlebt hat, kommt mit dem Eindruck nach Deutschland zurück, in einem Fahrrad-Entwicklungsland zu leben. Dabei wurde das Fahrrad 1817 vom badischen Forstmeister Karl von Drais zuerst als »Laufmaschine« erfunden.

Die schönste Art zu reisen

Bahnfahren ist die schönste, bequemste, sicherste und umweltfreundlichste Form des Reisens: Vor 80 Jahren waren die Salons der Mitteleuropäischen Schlafwagen- und Speisewagen Aktiengesellschaft (MITROPA) eine Legende.

Von Zürich nach Hamburg, von Berlin nach Brüssel und von Wien über Budapest und München nach Paris boten Züge Bequemlichkeit, kulinarisches Vergnügen und weltberühmten Service, welche den verwöhnten Charlie Chaplin 1931 bei seinem Besuch in Deutschland zu höchstem Lobpreis veranlassten. Ganz Europa schwärmte von den Luxuszügen: dem Skandinavien-Schweiz-Express – dem London-Holland-München-Express oder dem London-Berlin-Express.

Muss Deutschland unbedingt das rückständigste Land in Westeuropa bleiben? Von der Bahnpolitik über die hohen Arbeitslosenzahlen (Schweiz drei Prozent, Österreich 4,5 Prozent, Niederlande vier Prozent, Deutschland 11 Prozent) und die Bildungsmisere (in der »PISA«-Studie liegt Finnland an erster

Stelle und Deutschland an 22. Stelle) bis zur Biolandwirtschaft (in Europa an 11. Stelle) – sind wir nicht auf der Höhe der Zeit.

Deutschlands Manager werden in einem 1992 erschienen Bestseller teilweise zu Recht »Nieten in Nadelstreifen« genannt. Mit dem heutigen Führungspersonal in den großen Konzernen wird das Land nicht zukunftsfähig. Fünf Millionen Arbeitslose sind die logische Konsequenz. Die Massenarbeitslosigkeit in Deutschland ist kein Zufall. Wenn kurzfristiger Shareholder Value das wichtigste Unternehmensziel ist – wie zum Beispiel bei DaimlerChrysler unter Jürgen Schrempp –, ist der Abbau von Arbeitsplätzen vorprogrammiert. Nach 10 Jahren an der Spitze von DaimlerChrysler Ende 2005 hinterließ Jürgen Schrempp den Berechnungen seines Biographen Jürgen Grässlin zufolge diese Bilanz:

- Der Automanager baute über 50 000 Arbeitsplätze ab.
- Er machte seinen Konzern um 60 Milliarden Euro ärmer und
- kassierte für diese Heldentat über 40 Millionen Euro Gehalt.

Spitzenmanager japanischer Autokonzerne bekommen weit weniger Gehalt als ihre deutschen Kollegen, aber sie bauen zukunftsfähigere Autos.

Visionen brauchen Fahrpläne

In meinen Büchern »Der ökologische Jesus« und »Die Sonne schickt uns keine Rechnung« habe ich in zwei Zeitsprüngen ins Jahr 2010 und 2030 meine Vorstellungen einer ökologischen Verkehrswende beschrieben. Wenn wir in den nächsten 25 bis 30 Jahren eine Verfünffachung des öffentlichen Verkehrs schaffen, dann bekommen wir ein ökologisches Verkehrswunder: Die Staus sind weg, Mobilität funktioniert wieder, wir fahren und reisen stressfrei und angenehm, die Luftqualität verbessert sich, und wir haben etwa eine Million neue Arbeitsplätze. Es ist höchste Eisenbahn für eine Verkehrswende mit den Merkmalen leiser, leichter und langlebiger. »Visionen brauchen Fahrpläne«, hat der Philosoph Ernst Bloch einmal gesagt.

Die Fahrpläne müssen natürlich zukunftsfähig sein. Die heutige europäische Verkehrspolitik belastet die Umwelt, das Klima und unsere Gesundheit. In den letzten 15 Jahren haben die Emissionen im Transport-Sektor in der EU um 24 Prozent zugenommen. Der Verkehr wächst Europa über den Kopf. Allein der Luftverkehr hat sich seit 1990 verdoppelt. In den 25 Mitgliedsstaaten der EU sterben nach Studien der EU-Kommission jedes Jahr etwa 370 000 Menschen an den Folgen einer verfehlten Verkehrspolitik.

Die EU-Verkehrspolitik ist komplett gescheitert. Das geht aus der »Halbzeitbilanz« des EU-Weißbuches hervor, das im Jahr 2000 vorgestellt wurde und bis 2010 verwirklicht sein sollte.

Tatsächlich dürfte der Güterverkehr auf der Schiene von heute 11 bis 2010 auf 8 Prozent und der Personentransport auf der Schiene von heute sechs auf fünf Prozent bis 2010 zurückgehen. Und bis 2020 sieht es noch düsterer aus. Das Verkehrswachstum in der EU-25 zwischen 2000 und 2020 wird vom EU-Verkehrskommissar Jacques Barrot so prognostiziert:

Luftverkehr	plus 108 Prozent
Kurzstrecken-Seeverkehr	plus 59 Prozent
Straßen-Güterverkehr	plus 55 Prozent
Privatfahrzeuge	plus 36 Prozent
Binnenschifffahrt	plus 28 Prozent
Schienen-Personenverkehr	plus 19 Prozent
Schienen-Güterverkehr	plus 13 Prozent

Das ursprüngliche Ziel war: Die Verkehrspolitik umweltfreundlicher zu gestalten.

Jetzt zeigt sich: Die Verkehrspolitik wird immer umweltzerstörender.
Die Fortschritte in der Energiepolitik werden durch eine katastrophale europäische Verkehrspolitik wieder aufgefressen. Das hängt zwar mit dem Versagen der Politik zusammen, aber ebenso mit dem Unwillen von uns Verkehrsteilnehmern, im großen Stil vom Auto auf Bahnen und Busse umzusteigen. Jeder Verkehrsteilnehmer ist Teil des Problems.

Die Auto-Verrücktheit ist Symbol unserer Unfähigkeit zum Überleben. Unsere Kinder und Enkel werden uns wegen dieser Verrücktheit verfluchen.

Europäische Verkehrswende heißt:
- Endlich eine Kerosinsteuer für Flugbenzin.
- Die Bahnen dürfen nicht länger benachteiligt werden.
- Das große Europa sollte sich die Bahnpolitik der kleinen Schweiz zum Vorbild nehmen.
- Europa braucht zum Beispiel eine LKW-Maut nach dem Schweizer Modell, das heißt für Fahrzeuge ab 3,5 Tonnen fiele auf jeder Wegstrecke eine Verkehrsabgabe an.

Die europäischen Eisenbahnen könnten vor einem Aufbruch wie in ihren Anfängen vor 160 Jahren stehen.

Aber weder die Deutsche Bahn AG noch eine Bundesregierung, noch die EU hatten bisher Pläne für eine zukunftsfähige Verkehrspolitik mit dem Schwerpunkt: Ausbau des öffentlichen Verkehrs. Wenn der Bund die an die Länder zu zahlenden Mittel für den öffentlichen Nahverkehr bis 2009 um nahezu zwei Milliarden kürzen will, wie im Gesetz über die Mehrwertsteuererhöhung vorgesehen, führt dies in die falsche Richtung. Auch Zwischenschritte könnten schon Fortschritte sein, zum Beispiel kleinere Autos.

11. Die große Hoffnung auf kleine Autos

Das hatte niemand erwartet. Mitten im Irakkrieg gingen die christlichen Kirchen in den USA in die Offensive. In Fernsehspots, Anzeigen, Predigten und witzigen Aktionen im ganzen Land fragten Christen ihre Mitbürger: »Which car would Jesus drive? – Welches Auto würde Jesus fahren?« Die Aktion im Land der großen Energieverschwender war so erfolgreich, dass Präsident Bush 1,5 Milliarden Dollar für die Entwicklung kleinerer spritsparender Autos zur Verfügung stellte.

Die deutschen Autobauer versprechen seit der Ölpreiskrise vor 30 Jahren, kleine Autos zu bauen, aber der Fortschritt blieb bescheiden.

Ergebnis der unglaublichen Verschlafenheit deutscher Autobosse:

- Mercedes-Benz wird in Deutschland ab 2006 über 20 000 Arbeitsplätze abbauen;
- Opel 10 000 und
- VW bis zu 14 000.

Die Krise der hiesigen Autokonzerne ist der Beweis für jahrelange Managementfehler und die Gier nach Größe. Dass Öl- und Benzinpreise steigen werden, weil die Ölquellen bald nicht mehr sprudeln, konnte jeder wissen – doch die hiesigen Automillionäre blieben in ihrem Wachstumswahn vergangenheitsbesessen. Sie haben ihre absehbaren Probleme durch den Bau von immer größeren Spritfressern vertuscht, verdrängt und beschönigt. Das große Interesse an kleinen Autos wollten die Größenwahnsinnigen nicht wahrhaben und wachsende Umweltsensibilität war ihnen fremd.

Doch die letzte IAA in Frankfurt hat erneut bewiesen, dass die Faszination Auto nicht allein vom Hubraum abhängig ist. Noch nie waren Kleinwagen übrigens so groß und komfortabel wie jetzt in den Zeiten des teuren Benzins. Und Experten sagen voraus, dass sich der Benzinpreis in wenigen Jahren noch mal verdoppeln wird. Kleine Autos werden so attraktiv wie der öffentliche Verkehr. Und mit Verzicht hat das alles gar nichts zu tun – eher mit Gewinn: Gewinn für den Geldbeutel **und** für die Umwelt.

Viele Autofahrer setzen deshalb große Hoffnungen auf kleinere Autos, die mit der Hälfte und längerfristig mit einem Drittel der heutigen Spritverbräuche auskommen. Allerdings: Wenn sich die deutschen Autokonzerne nicht rasch umstellen, dann kommen immer mehr Autos auf deutschen Straßen aus Japan, Korea, der Mongolei und China.

Selbst wenn künftig 44 Millionen deutsche Autofahrer auf kleinere Autos umsteigen, bleibt jedoch das Flächen- und Stauproblem in einem relativ kleinen Land mit 83 Millionen Menschen. Deshalb heißt Verkehrswende primär Ausbau des öffentlichen Verkehrs.

Deutschland ohne Stau – eine Vision für 2025

Eine moderne Verkehrspolitik könnte in etwa 20 Jahren – dem Verkehrsplaner Heiner Monheim an der Universität Trier zufolge – so aussehen:

– Wie schon heute in der Schweiz, so ist auch in Deutschland im Jahr 2025 die Bahn attraktiver geworden. Der Service stimmt, der Takt und die Vernetzung zwischen Bahn, Bus und Millionen Taxen stimmen und ein attraktiver Familientarif lädt zum Umstieg ein.

- In Deutschland verkehren vier Millionen Car-Sharing-Autos. Viele Menschen teilen sich mehrere Autos. Heute ist ein Auto im Schnitt drei Prozent seiner Zeit in Betrieb und rostet 97 Prozent seiner Zeit vor sich hin. Unwirtschaftlicher geht es nicht. Welcher Unternehmer kann sich eine so schlappe Laufzeit seines Maschinenparks leisten?
- 20 000 Regionalbahntriebwagen bedienen auf dem dichten Schienennetz der Flächenbahn in der Regie privater, innovativer Regionalbahn-Unternehmen den Regionalverkehr.
- 150 kommunale Schienenverkehrsunternehmen lassen 10 000 neue Straßenbahn-, Stadtbahn- und S-Bahnwagen in Mittel- und Großstädten fahren.
- Es gibt 10-mal so viele Haltestellen wie heute als Voraussetzung für maximale Kundennähe.
- 20 000 Mobilitätszentralen mit einheitlicher Telefonnummer und Internetanschluß sorgen für ein modernes Mobilitätsmanagement.
- Ein Generalabo lässt jeden problemlos, preiswert (billiger als ein Auto auf jeden Fall), schnell und bequem in Stadt und Land vorankommen. Auch Taxis und Car-Sharing sind in dieses Abo integriert.

Die vorhandenen Straßen und Parkplätze reichen plötzlich aus. Der Ausstieg aus der Staugesellschaft ist geglückt. Breitere Gehwege, neue Radwege, viele Busspuren und Bahntrassen können gebaut werden. Es reicht jetzt noch für viele Grünstreifen und Baumpflanzungen im öffentlichen Raum. Alle könnten aufatmen. Diese Vision könnte schneller Realität werden, als wir uns das vorstellen. Denn durch höhere Benzinpreise wird Autofahren bald Luxus werden.

Das einzig wirkliche Problem dabei ist wiederum ein mentales: Die meisten heutigen Verkehrspolitiker und Stadtplaner können sich für 2025 eher einen Urlaub auf dem Mond vorstellen als in Deutschland ein attraktives Verkehrssystem mit weit weniger Autos.

Große Pilotprojekte in den Niederlanden, in Österreich und in der Schweiz oder in Straßburg mit der Straßenbahn belegen, dass eine moderne ökologische Verkehrswende möglich ist. Wir müssten uns in Deutschland nur zutrauen, dass **überall** geht, was die Bodensee-Bahnen »Seehas« und »Seehäsle«, die Breisgau-S-Bahn, die Dürener Kreisbahn oder die Saarbrücker Stadtbahn heute schon bewirken.

Eine erfolgreiche Verkehrswende ist keine Strategie gegen Autoverkehr, sondern für eine effizientere Mobilität. Die Erfolgsfaktoren sind bei den genannten positiven Beispielen im In- und Ausland immer dieselben: motiviertes Personal, neue Fahrzeuge, rationeller Betrieb, offensive Werbung, attraktive Tarife und ehrgeiziger Marktauftritt.

Das Wuppertal-Institut für Klima, Umwelt und Energie hält eine Vervierfachung der Bahnleistungen im Personenverkehr, eine Verdreifachung im Güterverkehr und die Halbierung des Autoverkehrs schon bis etwa 2015 für möglich, wenn die Bahn eine Flächenbahn wird. Dabei könnten eine Million neue Arbeitsplätze entstehen.

Was das alles kostet? Heute gibt eine deutsche Familie im Schnitt 380 Euro pro Monat für ein Auto aus, was als nicht besonders teuer gilt. Für einen gut funktionierenden öffentlichen Verkehr, der das persönliche Auto weitgehend überflüssig macht, müssten nach den Berechnungen von Monheim an der Universität Trier pro Jahr etwa 280 Euro ausgegeben werden, was in Deutschland freilich als teuer gilt. Mit Verzicht hat also die Verkehrswende gar nichts zu tun, wohl aber mit Gewinn. Den Stau können wir vergessen, Geld sparen und Lebensqualität sowie Arbeitsplätze gewinnen.

In der 10-Millionen-Metropole Tokio wird der Verkehr bereits zu 90 Prozent mit öffentlichen Verkehrsmitteln bestritten – warum nicht in Deutschland? Die deutsche Stadt mit dem höchsten öffentlichen Verkehrsanteil ist Freiburg mit 33 Prozent. Wie gesagt: In Tokio ist der Anteil 3-mal so hoch. Im dortigen Hauptbahnhof fahren die Züge in fünf Stockwerken ein und aus. Der modernste und schnellste Zug der japanischen Eisenbahngesellschaft, der Shinkanzen, verbindet die wichtigsten Städte des Landes miteinander. Vergleichbar mit dem deutschen ICE (InterCity Express) oder dem französischen TGV (train à grand vitesse). Seit den sechziger Jahren hat sich die Geschwindigkeit und die Zugfolge ständig erhöht, heute fährt der Shinkansen auf manchen Strecken im 10-Minuten-Takt und mit über 300 km/h. Wenn ich das einem deutschen Bahnboss erzähle, schaut er mich an, als würde ich eine fremde Sprache sprechen. Die Praxis zeigt: Mobilität mit weniger Autos ist schon heute möglich, wenn die Politik die Weichen richtig stellt.

Übrigens: Unsere Eingangsfrage: »Welches Auto würde Jesus fahren?« macht deutlich, dass Mobilität auch eine Gewissensfrage ist. Ohne eine ökologische Ethik oder eine ökologische Religion oder eine ökologische Spiritualität ist dieser schöne blaue Planet nicht mehr zu retten.

12. Shell und BP – vom Ölkonzern zum Solarkonzern?

In Deutschland mangelt es nicht an Reform-Ideen, sondern schlicht an Reform-Arbeit. Wir haben keine Erkenntnisprobleme, wohl aber Umsetzungsprobleme. Die größte Herausforderung unserer und künftiger Zeit ist der Treibhaus-Effekt und seine weit reichenden Folgen: Naturkatastrophen, Umwelt-Flüchtlinge, weltweite Massenarbeitslosigkeit. Die Ursache des Treibhaus-Effektes ist unsere falsche Energiepolitik.

Die Energiefrage war und ist der Schlüssel für eine gute oder schlechte Zukunft. Die Fieberkurve der Erde wird noch schneller steigen, wenn wir nicht rasch auf klima- und umweltverträgliche Energiequellen umsteigen.

In den Kapiteln zwei, drei und vier dieses Buches haben wir bereits gesehen, wie der hundertprozentige Umstieg auf erneuerbare Energien organisiert werden kann. Gibt es Hoffnung, dieses ehrgeizige Ziel auch praktisch zu erreichen? Und welche Rolle spielen dabei die alten Energieversorger? Werden sie überflüssig, wenn in Deutschland aus 22 Millionen Gebäuden 22 Millionen kleine Solarkraftwerke geworden sind und wir eine komplett dezentrale Energieversorgung organisiert haben?

Noch vor zehn Jahren haben die großen deutschen Energiemonopolisten in ganzseitigen Zeitungsanzeigen behauptet, dass Deutschland »höchstens vier Prozent seines Stroms« aus erneuerbaren Quellen gewinnen kann. Jetzt, im Jahr 2006, gewinnen wir bereits 11 Prozent Ökostrom – Jahr um Jahr werden es mehr.

- BP hieß Jahrzehnte lang British Petroleum, jetzt heißt BP Beyond Petroleum, also Nachölzeit und ist Europas Marktführer bei der Produktion von Solarzellen. BP goes solar!
- Shell baut Solarfabriken, Windparks und Biomasse-Kraftwerke und ist mit Shell Solar bereits in 75 Ländern aktiv.
- RWE und E.on erzeugen immer mehr Energie aus nachwachsenden Rohstoffen.
- Und der Atomriese EnBW baut das größte Wasserkraftwerk der Republik am Oberrhein.

Die großen Energiekonzerne springen auf den bereits fahrenden Zug der solaren Energiewende. Auch sie verstehen allmählich den großen ökonomischen Vorteil der ökologischen Energieproduktion.

Zunächst einmal geht es den Öl-Multis ums Image. Sowohl bei BP wie bei Shell täuscht die in riesigen Anzeigen publizierte Reklame für erneuerbare Energie über die tatsächlichen Investitionen hinweg. (»Wer uns heute das Öl liefert, sollte so rasch wie möglich auf erneuerbare Energie umsteigen« – BP-Slogan.) Shell und BP haben 2005 etwas mehr als jeweils 0,1 Prozent ihres Gesamtumsatzes im Bereich der erneuerbaren Energien getätigt, 0.1 Prozent! Aber langfristig werden auch sie sich umstellen müssen, denn ihre heutigen Ressourcen gehen absehbar zu Ende.

In einer meiner Fernsehsendungen sagte ein Shell-Vorstand: »Wir werden ein Sonnenkonzern.« Auf meine überraschte Nachfrage, ob ich ihn richtig verstanden habe, sagte er: »Ja, es geht uns der Stoff aus, aber schon vorher, vielleicht schon in 10–15 Jahren, werden Öl und Benzin nicht mehr bezahlbar sein.« Und schließlich sprach er noch von fünf Euro pro Liter Benzin. Alles klar?

»Eine kurzfristige Erhöhung der Ölförderung ist nicht mehr möglich«, prophezeit BP-Chefvolkswirt Davies. Der Chefvolkswirt der Deutschen Bank Norbert Walter gibt ihm recht.

Ihre neue – noch bescheidene – Sonnenpolitik betreiben Shell und BP sicherlich nicht aus reiner Natur- und Menschenliebe, aber sie zeigt, dass auch an der Spitze von Großkonzernen Menschen arbeiten, die umdenken und anders handeln können als bisher.

Wie vertragen sich die Ölgeschäfte von Shell und BP mit dem behaupteten Umstieg zu Sonnenkonzernen? Beide Konzerne haben bei Umweltschützern und Menschenrechtsgruppen einen schlechten Ruf. Im Zeitalter wachsender Konsumentenmacht ist ein schlechter Ruf *die* empfindliche Stelle von Großkonzernen.

Die beiden österreichischen Journalisten Klaus Werner und Hans Weiss schreiben in ihrem Bestseller »Das neue Schwarzbuch Markenfirmen – die Machenschaften der Weltkonzerne« über die Ölkonzerne: »In keiner Branche werden Menschenrechte so mit Füßen getreten wie im Erdölbusiness. Für ihre Profite aus dem schwarzen Gold finanzieren unsere Treibstofffirmen Kriege, bezahlen Killertruppen und machen ganze Landstriche unbewohnbar.«

Im Gegensatz zu Konzernen wie Esso, Aral oder Texaco haben BP-Solar und Shell-Solar zusammen mit Siemens Solar wenigstens einige hundert Arbeitsplätze im Bereich erneuerbare Energien geschaffen. Allerdings beschäftigen ihre Mutterkonzerne je über 100 000 Mitarbeiter. Wir verbrauchen einfach noch zuviel Öl und haben zuwenig Skrupel, es zu verschwenden. Immerhin hat Shell schon 1999 in Gelsenkirchen die damals modernste Solarzellenfabrik der Welt gebaut, und zwar an der Stelle, wo früher eine Kohlegrube war. Das Unternehmen plant auch, bald in das Geschäft mit riesigen Offshore-Windparks in der Nordsee einzusteigen.

Shell bewirtschaftet außerdem bereits 300 000 Hektar Wald zur langfristigen Energieproduktion.

Die Antwort auf die oft gestellte Frage, warum Ölkonzerne allmählich in erneuerbare Energien einsteigen, ist einfach: weil sie gewinnen und nicht verlieren wollen. Und zudem sind sie ethisch so gut oder so schlecht wie wir alle. Und sie wissen auch: Wer zu spät kommt, den bestraft das Leben. Energiesparendes Sanieren unserer Altbauten, solares Bauen und ökologisches Wirtschaften sind kein modischer Schnickschnack, sondern **die** Herausforderung an unseren Überlebenswillen, den langfristig auch die Global Players nicht ignorieren können.

13. Warum kauft Bill Gates deutsche Solaraktien?

Wenn uns vor fünf Jahren jemand erzählt hätte, dass eine Solaraktie die »Aktie des Jahres« würde, hätten viele Ökonomen und Börsianer gelacht. Doch sowohl 2004 wie auch 2005 war und ist die Aktie der »SolarWorld AG« die erfolgreichste Aktie des Jahres – mit 1000 Prozent Gewinn in 12 Monaten.

- Wie ist dieses Sonnen-Wunder zu erklären?
- Warum kauft Bill Gates, der reichste Mann der Welt, deutsche Solaraktien?
- Warum kann heute jede und jeder mit der Sonne Geldverdienen?
- Und was kostet Solarenergie wirklich?

Der Klimawandel unserer Zeit ist beispiellos. Der globale Weltenergieverbrauch verteilt sich am Beginn des neuen Jahrhunderts immer noch wie folgt: 33 Prozent Erdöl, 24 Prozent Kohle, 19 Prozent Erdgas, zwölf Prozent Holz, Biomasse und Holzkohle, sechs Prozent Wasserkraft, fünf Prozent Atomkraft und ein Prozent Wind- und Sonnenenergie. Warum aber holen wir Europäer oder auch die US-Amerikaner Erdöl aus Arabien, Erdgas aus Sibirien und Uran aus Australien, anstatt heimische Sonnenstrahlen, Windströme, Wasserkraft, Erdwärme und Energie aus Acker und Wald intensiver zu nutzen?

Das 21. Jahrhundert wird ein solares – daran führt kein Weg vorbei, wenn wir eine gute Zukunft wollen. »Klimaschutz«, so der frühere Umweltminister Trittin, »ist ein Markt ungeahnter Größe.« Der Treibhauseffekt wird die solare Energiewende erzwingen. Zwei Fragen stellen uns zweifelnde Freunde immer: Funktioniert das auch mit den erneuerbaren Energien? Wie arbeiten die beiden Solaranlagen auf eurem Hausdach? Und was kostet das?

Unsere eigene Erfahrung: Eine solarthermische Anlage rechnet sich nach etwa acht Jahren. Sie läuft aber bis zu 30 Jahre. Langfristig wird durch vermiedene Heizkosten mit Solarthermie viel Geld gespart und die Umwelt entlastet. Eine Photovoltaik-Anlage, die mit Hilfe von Sonnenlicht Strom produziert, rechnet sich unter den Bedingungen des Erneuerbaren-Energien-Gesetzes nach etwa 13 Jahren. Sie ist aber bis zu 40 Jahren in Betrieb. Langfristig wird auch damit der Geldbeutel geschont. Realistische Rechner wissen: Die alten Energien wurden und werden immer teurer. Da wirkt das Gesetz der höheren Preise für immer knapper werdende Güter in der Marktwirtschaft. Ein kluger Rechner wie Bill Gates kaufte deshalb keine Atom-, Öl- oder Gasaktien, sondern deutsche Solaraktien. Ein deutlicher Hinweis auf den Boom des deutschen Solarmarktes. Unsere Bilanz: Seit 15 Jahren hat uns die Sonne noch nie eine Rechnung geschickt.

Wer sich ein Auto für 20 000 Euro leistet, hat in aller Regel auch 4000 Euro, um sich zunächst einmal mit Sonnenkollektoren Warmwasser zu bereiten. Für eine Person reicht eine Anlage für 2000 Euro. Die Installation einer Solaranlage ist eine erfreulich saubere Angelegenheit. Die Außenarbeiten verursachen keinen Bauschutt, im Innern des Hauses entsteht nicht mehr Aufwand als beim Verlegen eines Telefon- oder Antennenkabels. Die sauberste Energie der Welt lässt sich ohne nennenswerte Belastung in fast jedes Haus bequem installieren.

Reicht das Potenzial der Sonnenenergien denn praktisch aus, um in unseren Breitengraden die herkömmlichen Energien abzulösen? Theoretisch bietet uns die Sonne alle acht Minuten so viel Energie an, wie wir in einem Jahr verbrauchen. Menschen fliegen auf den Mond und betreiben Weltraumforschung. Warum sollten wir es nicht schaffen, wenigstens einen Bruchteil der Energien umzuwandeln, welche die Sonne uns täglich kostenlos und umweltfreundlich zur Verfügung stellt? Es fehlt das Geld, wird immer wieder behauptet. Das kann gar nicht sein, denn bisher pumpen wir jedes Jahr Milliarden Euro für Öl nach Arabien und für Gas nach Russland. Dieses Geld würden wir besser hier behalten und heimische Energie nutzen.

In Deutschland sind sich alle Spitzenpolitiker darin einig, dass staatliche Subventionen gekürzt werden müssen. Noch 2005 versprachen Bundeskanzler Schröder und sein Wirtschaftsminister Wolfgang Clement der deutschen Kohlewirtschaft weitere Milliarden Euro Steuergelder. Das ist ein politisches Versprechen gegen jede ökonomische und ökologische Vernunft – so wie Angela Merkels Wunsch nach längeren Laufzeiten für AKWs.

Professor Maximilian Gege formulierte als Ökonom zwei Hauptforderungen an die Umweltpolitik: »Zum einen müssen endlich Regelungen getroffen werden, die dafür sorgen, dass Produkte und Dienstleistungen die wahren Preise widerspiegeln. Preise, die auch Umweltbelastungen und die Reparaturkosten bewerten, die heute noch von der Gesellschaft – also von Ihnen, mir und allen Lesern – getragen werden. Zum anderen müssen dringend ökologisch schädliche Subventionen abgebaut werden. Nehmen wir die Steinkohlesubventionen oder die Subventionen für konventionelle intensive Landwirtschaft.«

Die Sonne ist unbegrenzt verfügbar. Keine andere Energiequelle funktioniert so grenzenlos und preiswert. Solaranlagen sind mit wenig Aufwand und ohne Eingriffe in das Landschaftsbild zu installieren und zwar exakt dort, wo Strom, Wärme und Kühlung gebraucht wird, nämlich im eigenen Haus. Die dezentrale Energieversorgung geschieht regenerativ, geräuschlos, emissionsfrei und ohne Folgekosten. Und das Geld bleibt im Land.

Die Sonne schickt uns keine Rechnung, das heißt: Der größte Vorteil der künftigen ökologischen Energieversorgung ist ökonomischer Art.

In den USA, in Skandinavien, England, Japan, China, Indien, Taiwan, in der Türkei, in der Schweiz, in Österreich, Israel, Kuba und Deutschland wissen wir inzwischen durch mehrjährige Erfahrung mit den Techniken der erneuerbaren Energien,

- dass Wasserkraftanlagen, wenn sie dezentral und gewässerschonend eingesetzt werden, effektive Stromerzeuger sind,
- dass Windkraftanlagen an der Küste, an großen Flüssen entlang und in Mittelgebirgen wirtschaftlich arbeiten und Offshore-Windparks beständig Strom liefern,
- dass Sonnenkollektoren für die Warmwasserbereitung ausgereift sind und sich schon nach etwa sechs bis acht Jahren bezahlt machen,
- dass Biogas- und Biomasseanlagen wirtschaftlich und umweltfreundlich Strom- und Wärmeversorgung übernehmen können,
- dass Photovoltaik-Anlagen mit ihren heute noch hohen Kosten durch Massenproduktion innerhalb von 10 Jahren auf ein wettbewerbsfähiges Niveau gesenkt und im Sommerhalbjahr gewinnbringend viel Strom ins öffentliche Netz einspeisen können.

Solarenergie als Volkssport

In mehreren bayerischen Landkreisen ist der Run auf die Sonnenenergie bereits zum Volkssport geworden, berichtete das »Traunsteiner Tagblatt« schon 2003. Die Initiative »Solarstrom vom Watzmann bis zum Wendelstein« wirbt mit dem Argument: Die Energie, welche die Sonne in 14 Tagen zur Erde schickt, entspricht der von allen bekannten Öl-, Gas- und Kohlevorkommen der Welt zusammen. Sonnenfreunde haben in zwei Jahren 600 Solardächer im Chiemgau installiert, 2006 waren es 33 Megawatt. Jetzt werden große Biomasse-Anlagen geplant.

Ein Renner sind Gemeinschaftsanlagen. Bürgerinnen und Bürger kaufen Anteile an einer Anlage, die dann auf einem öffentlichen Gebäude errichtet wird. So sind 21 Gemeinschaftsanlagen entstanden, im Wesentlichen finanziert von Menschen, die kein eigenes oder kein geeignetes Hausdach besitzen. Jede und jeder kann heute mit der Sonne Geld verdienen – nicht nur im Landkreis Traunstein, in der Heimat von Papst Benedikt, wo die »Energie von ganz, ganz oben« besonders gute Chancen hat!

Schon vor 10 Jahren durfte ich im Landkreis Ebersberg den »Ebersberger Solarweg« eröffnen. CSU-Landrat, Umweltverbände, die Installationsinnung, Kirchen und heimische Mittelstandsbanken haben ein Tausend-Solardächer-Programm für Sonnenkollektoren initiiert. Weil der Erfolg die Initiatoren beflügelte, haben sie mich sechs Jahre später wieder eingeladen, um ein Tausend-Photovoltaikdächer-Programm zu starten. Ähnliche Sonnenwege gehen inzwischen auch die Landkreise Fürstenfeldbruck, Freising, Landshut und Erding. In allen sechs Landkreisen wurden quer zu den Fraktions- und Parteigrenzen neue Koalitionen für eine zukunftsfähige Sonnenpolitik organisiert.

Viele tausend Solarinitiativen oder auch lokale »Agenda 21«-Gruppen haben in Skandinavien und England, in Österreich und in der Schweiz, in Spanien und Griechenland, in Deutschland und Holland dazu beigetragen, den erneuerbaren Energien einen kräftigen Aufschwung zu geben – oft gegen die real existierende Politik. 2006 werden auf Chinas Dächern mehr Sonnenkollektoren betrieben als in der gesamten übrigen Welt zusammen. In der südwestchinesischen 2-Millionen-Stadt Kunmin gibt es kein einziges Haus mehr ohne thermische Solaranlage.

Die Richtung einer erfolgreichen Zukunftspolitik hat vier Schwerpunkte:

- erneuerbare Energien nutzen
- das Klima schützen
- Wirtschaft stärken
- Arbeitsplätze schaffen

Bill Gates hat nicht nur sehr erfolgreiche deutsche Solaraktien, sondern 2004 auch Windaktien und 2006 Aktien im Bio-Ethanol-Geschäft in den USA gekauft. Der reichste Mann der Welt weiß eben, dass erneuerbare Energien weltweit die bedeutendsten Wachstumsmärkte sind. Zurzeit werden jedes Jahr etwa 30 Millionen Quadratmeter Solaranlagen installiert und 200 000 Windräder erzeugen bereits preisgünstig und umweltfreundlich Ökostrom. Die Zukunft gehört den erneuerbaren Energien. Bill Gates hat wieder einmal seine Nase im Wind und blickt auf die Sonne. Er handelt so wie vor 30 Jahren, als er in der Garage begonnen hat, sein Computer-Imperium zu installieren. Hierzulande würde wahrscheinlich die deutsche Garagenverordnung ähnliche Erfolge verhindern.

Übrigens: Am Tag nach der letzten Bundestagswahl stürzten in Deutschland die Aktien der alten Energien alle ab. Die Erneuerbare-Energien-Aktien legten um sechs Prozent zu. Die Große Koalition hatte versprochen, nicht nur das Erneuerbare-Energien-Gesetz von Rot-Grün komplett zu übernehmen, sondern auch ein Gesetz zur solaren Wärmeerzeugung zu schaffen.

Die unglaublichen Sonnengeschäfte der Herren Tsai und Shi

Er ist in Taiwan geboren, hat in Stuttgart und Freiburg Solartechnik studiert und im Jahr 2002 mit sieben Mitarbeitern in Tainan in Südtaiwan die Firma E-ton Solar Tech Co. Ltd. gegründet. Heute beschäftigt er 200 Mitarbeiter. Ende 2006 sollen es 400 sein. Und 2008 will er 1000 Mitarbeiter haben. Im Jahr 2005 hat er die Gewinne seiner Solarzellenfirma um 300 Prozent gesteigert.

Chin-Yao Tsai verkörpert das nächste taiwanesische Wirtschaftswunder. Stolz zeigte er mir seine Firma und erklärte selbstbewusst und bescheiden zugleich: »Wir sind erst am Anfang.« Auf meine Frage, wie viele Mitarbeiter er in etwa 10 oder 15 Jahren beschäftigen werde, sagte er ohne zu zögern: »Zwischen 10 000 und 20 000. Wir haben diese Vision.«

Bevor er meinen taiwanesischen Begleitern und mir den Film seiner Firmengeschichte zeigte, meinte er: »Genauso wichtig wie die Vision ist die Tradition.« Die Tradition wird dann im Film eindrucksvoll so beschrieben: Der Tai-ya Stamm der Ureinwohner Taiwans hatte ein Problem, weil es zwei Sonnen gab. Die Menschen konnten nie schlafen, weil am Tag eine Sonne schien und die zweite Sonne in der Nacht. Also wurden drei Krieger ausgewählt, um eine der beiden Sonnen vom Himmel zu schießen. Die Krieger wussten, dass diese Reise beschwerlich würde und lange dauern werde. Sie nahmen ihre

Kinder mit auf die Reise, damit diese die Aufgabe erledigen konnten, wenn sie selbst zu ihren Lebzeiten nicht eine der beiden Sonnen vom Himmel holen könnten.

An dieser Überlieferung orientiere sich die Firma E-Ton heute: Chin-Yao Tsai erklärte mir lächelnd (er lächelt öfter als deutsche Manager!): »Diese Geschichte ist uns Ansporn, um heute und erst recht morgen Sonnenstrom für die ganze Welt zu produzieren. 95 Prozent unserer Solarzellen exportieren wir heute nach Deutschland, 4 Prozent nach Japan und erst ein Prozent bleibt in Taiwan und China. Wir arbeiten zum Wohl künftiger Generationen. Wir wollen, dass auch unsere Kinder in Wohlstand leben können.«

Chin-Yao Tsai will langfristig zu den »Top Three« der Solarbranche weltweit gehören. Das Durchschnittsalter seiner 200 Mitarbeiter, die er heute beschäftigt, ist unglaubliche 26 Jahre. Auch ich konnte es erst glauben, als ich einige dieser engagierten jungen Top-Leute kennen lernen durfte. Nach einem Vortrag über mein Buch »Die Sonne schickt uns keine Rechnung« haben mir Mitarbeiter von Herrn Chin-Yao Tsai einen der Gründe genannt, warum sie so gerne bei dieser Firma arbeiten. In den letzten zwei Jahren ist die Aktie dieser Firma von 10 Taiwan-Dollar auf 1200 Taiwan-Dollar gestiegen. Also eine Steigerung um das 120 fache. Ganz nebenbei bestätigte Chin-Yao Tsai diesen Weltrekord beim Nachtisch!

Und dann erzählte er noch von seinem Kollegen Shi aus der Nähe von Schanghai. Dieser Herr Shi ist heute der reichste Mann in China. Und was produziert er? Sie haben richtig geraten, liebe Leserinnen und Leser! Herr Shi aus Schanghai produziert Solarzellen und exportiert diese wie Herr Tsai aus Taiwan hauptsächlich nach Deutschland!

Schon mittelfristig gilt: Tschüs Öl! Ciao Gas! Welcome sun!

14. Auf die Zukunft bauen: Niedrigenergiehaus, Aktiv-Haus, Solarplus-Haus

In der Deutschen Bauordnung steht der Satz: »Bauten sind so zu errichten, dass sie das Leben der Menschen und die natürlichen Lebensgrundlagen nicht gefährden.« Doch außer Baubiologen kümmert sich kaum jemand um das, was selbstverständlich sein müsste. Unsere Gesundheit ist eines der höchsten Güter. Doch wir gehen oft fahrlässig damit um. Das beginnt bei der Ernährung und reicht bis zu unseren krankmachenden Häusern.

Bis zu 95 Prozent unserer Zeit verbringen wir in Gebäuden. Dass Ölheizungen Rußpartikel und Feinstäube freisetzen, hat sich inzwischen herumgesprochen. Die Luftqualität ist in unseren Häusern oft noch miserabler als auf den Straßen unserer Städte mit vielen Autos. Jedes zweite deutsche Kind leidet inzwischen an Asthma oder Allergien. Jeder vierte Deutsche hat ein beschädigtes Immunsystem. 67 000 Menschen – so eine Studie der EU – sterben in Deutschland jedes Jahr an Krebs, dessen Ursache Rußpartikel und Feinstäube sind. Die Tatorte: Auto und Wohnung. Die meisten Leser und Leserinnen dieses Buches wohnen in Häusern, die pro Quadratmeter noch 15 bis 18 Liter Heizöl pro Jahr verbrauchen. Wenn wir unsere Häuser besser dämmen und dichter einpacken, können wir mit einem Viertel der Energie auskommen. Das spart Geld und hilft der Umwelt.

Zum Beispiel: Elektrosmog, Feinstaub, Rußpartikel, Lärm und Strahlung. Dabei spielen unsere falschen Energiequellen eine zentrale Rolle. Mit dem Verbrennen von Öl und Gas ruinieren wir nicht nur die Umwelt, sondern auch unsere Gesundheit. Wer zum Beispiel Holzpellets statt Öl verbrennt, in dessen Wohnung stinkt es nicht mehr, es riecht vielmehr nach Tannenduft. Und das Brennmaterial kostet die Hälfte.

Ökologische Energieversorgung mit ökonomischen Vorteilen ist heute schon möglich und wird Jahr um Jahr attraktiver. Das Hauptproblem ist nicht mehr fehlende Technik. Das Hauptproblem ist fehlende Information über die neuen Möglichkeiten. Menschen, die informiert sind, bleiben nicht länger Teil des Problems, sie werden Teil der Lösung.

Ein Heizungsbauer im Allgäu empfiehlt seinen Kunden eine Kombination aus Sonnenkollektoren auf dem Dach und einer Pellet-Heizung im Keller: »Sie sparen dabei die Hälfte der Heizkosten und leisten einen Beitrag gegen den Klimawandel.«

Unser Vier-Personen-Haushalt in Baden-Baden erntet mit Sonnenkollektoren soviel Sonnenstrahlen, dass wir damit von April bis Oktober ausreichend und auch im Winterhalbjahr zum Teil mit Warmwasser versorgt sind. Das heiße Wasser reicht selbst dann, wenn wir alle nacheinander duschen. Die neueren Sonnenkollektoren sind in der Lage, auch die diffuse Strahlung – die Strahlung bei bewölktem Himmel – in Wärme umzusetzen. Ein von den großen Energieerzeugern liebevoll gepflegtes und immer wieder gern verbreitetes Vorurteil, Deutschland habe nicht genug Sonne, ist durch die Praxis widerlegt. Ich kann allen Leserinnen und Lesern versichern: Wir haben von der Sonne noch nie eine Rechnung bekommen. Ganz im

Gegenteil: Wir schreiben selbst Rechnungen an den alten Energieversorger, der gesetzlich verpflichtet ist, uns unseren Solarstrom abzukaufen.

Wenn Architekten, Stadtplaner und Kommunalpolitiker endlich lernen, wo Süden ist, dann lassen sich in den nächsten Jahrzehnten durch solares Bauen riesige Energiemengen einsparen. Es ist erwiesen, dass durch die passive Nutzung der Sonnenenergie in Gebäuden – viel Fensterfront in Richtung Süden, Lichtplanung, Baumaterialien zur Wärmespeicherung und zur Kühlung sowie durch Wärmeaustauschsysteme – bis zu 90 Prozent der Heizkosten eingespart werden können. Die Restwärme kann künftig durch Solarkollektoren erzeugt werden. »Bauen mit Grips statt Energie vergeuden« rät der Kölner Architekt Axel Lohr seinen Kollegen schon seit langem. Jedes Dach in Deutschland, das nach Süden ausgerichtet und schattenfrei ist, kann ein Solarkraftwerk werden.

Zu Recht kritisieren Umweltorganisationen die bisherigen Wärmeschutzverordnungen als zu lasch. Die Enquete-Kommission »Klima« des Deutschen Bundestags hat schon 1987 festgestellt, dass bei Neubauten problemlos 70 bis 80 Prozent Energie gegenüber früheren Bauten eingespart werden können. Zahlreiche Niedrigenergie-Häuser, ja sogar Nullenergie-Häuser und die ersten Solarenergie-Plus-Häuser beweisen, wie halbherzig die Bundesregierungen mit ihrem 50-Prozent-Einsparungsziel wieder einmal gehandelt haben.

Niedrigenergiehäuser kommen mit einem Drittel der Heizenergie gegenüber unseren Altbauten aus. Nullenergiehäuser sind in Wirklichkeit Nullenergiekostenhäuser, weil sie keine herkömmliche Energie mehr verbrauchen. In Japan werden schon jedes Jahr etwa 20 000 Nullenergiekostenhäuser gebaut, die ausschließlich mit Solarenergie versorgt werden.

In Österreich gibt es eine starke Gruppe von Architekten, die nur noch Passivhäuser baut. In den letzten drei Jahren wurden in Österreich über 1000 Passivhäuser errichtet. Das sind Häuser, die so gut gedämmt sind, dass sie keine herkömmliche Energie mehr verbrauchen. Sogenannte Passivhäuser sind tatsächlich sehr energie-aktiv!

Und der Solararchitekt Rolf Disch hat in Freiburg die ersten 50 Solarplusenergiehäuser gebaut – das sind Häuser, die weit mehr Solarstrom produzieren, als in ihnen verbraucht wird. Der Strom wird auf der Basis des Erneuerbaren-Energien-Gesetzes verkauft und die Bewohner bekommen monatlich einen Scheck von etwa 200 Euro. Sie verdienen Geld, weil ihr Solardach und die Sonne gut zusammenarbeiten.

Wenn der Energieausweis für Gebäude auch in Deutschland eingeführt ist, werden Heiz- und Warmwasserkosten sowie der Zustand der Gebäudehülle transparent. In Immobilienanzeigen kann dann so selbstverständlich mit Energieeffizienzklassen geworben werden, wie es bei Kühlschränken und Waschmaschinen längst Praxis ist.

Obwohl es ohne Pflanzen gar keine Menschen gäbe und die meisten Leute Pflanzen lieben, spielen sie in den Wohnungen nur eine geringe Rolle. Unsere eigene Erfahrung im Wintergarten mit Bäumen und Blumen, mit Pflanzen, Gräsern und Sträuchern, mit Eukalyptus, Zitronen und Feigen, mit Orchideen und Hyazinthen zeigt: Die Luftqualität ist besser und damit die Lebensqualität, Schadstoffe werden gebunden, alle fühlen sich wohler.

Mensch, Raum, Pflanze, Sonne, Energie: Dieses Verhältnis neu zu gestalten ist jetzt die Aufgabe einer ganzen Architektengeneration. Der Pionier einer grünen Solararchitektur, Dieter Schempp aus Tübingen, der auch unseren Wintergarten konzipierte, geht neue Wege zur Energiegewinnung, zu höherer Lebensqualität und zu einer neuen solaren Wohnkultur. Pflanzen sind auch in Wohnungen Klimamacher und Heiler zugleich. Sie produzieren gesunden Sauerstoff und verbrauchen Kohlendioxid, sie erhöhen die Luftfeuchtigkeit und bauen die Schadstoffe ab. Wir haben durch unseren Wintergarten etwa 80 Quadratmeter mehr Wohnraum, brauchen aber weniger Energie als zuvor.

Die Menschen entdecken zu Beginn des 21. Jahrhunderts wieder die Vorzüge von Gärten und Wintergärten. Im Garten kann man energetisch auftanken und im Wintergarten zusätzlich Energie für das ganze Haus gewinnen. Man erlebt das Wachsen, Werden und Wirken, genießt den Duft, die Töne und Farben, die gute Luft und grünes Wohlergehen. Auch beim Bauen können wir viel von der Natur lernen. Menschliche Bauwerke haben noch nie die Biegsamkeit und Zähigkeit jener eleganten Verstrebungen erreicht, die es einem Grashalm, einer Blume oder einem Baum ermöglichen, Schnee, Regen und Sturm zu trotzen. Auch der intelligenteste Architekt kann keinen einzigen Grashalm aus eigener Kraft wachsen lassen.

Der Wettlauf zur Sonne

Bis zum Jahr 2007 will die württembergische Stadt Crailsheim 10 000 Quadratkilometer Sonnenkollektoren auf öffentlichen Gebäuden installieren – das soll die bislang größte Kollektoranlage Deutschlands werden. Bei 32 000 Einwohnern sind das 0,31 Quadratmeter pro Kopf. Deutscher Rekord! Das macht aber zugleich deutlich, was noch überall fehlt. Denn zwei bis drei Quadratmeter pro Einwohner müssen installiert werden, um wenigstens das Warmwasser über die Sonne zu gewinnen.

Die Kollektoren in Crailsheim sollen auf der Sporthalle, auf Schulen, vor allem aber auf einem Lärmschutzwall installiert werden. 470 Wohnungen des Neubaugebiets Hirtewiesen haben damit ihre Heizung, denn die Sonnenkollektoren in Crailsheim werden zu einem Wärmenetz verknüpft und mit einem saisonalen Wärmespeicher ausgestattet. Somit steht die Wärme das ganze Jahr über gespeichert zur Verfügung. Das Vorurteil, dass Solarenergie nicht zu speichern sei, ist seit einigen Jahren schon in Friedrichshafen und Neckarsulm mit ähnlichen, kleineren Anlagen widerlegt.

Wer mit Holz baut, nutzt einen Baustoff, der mit weit weniger Energie hergestellt werden muss als zum Beispiel Aluminium oder Beton. 1990 betrug der Anteil des Holzes am gesamten Baumaterial in Deutschland unter 5 Prozent, im Jahr 2006 schon über 15 Prozent.

Vor allem ökologisch orientierte Menschen bauen mit Holz und innovativen Dämm-Materialien und kombinieren ihre sparsame Haushülle mit erneuerbaren Energiequellen.

2005 wurden in Deutschland schon 4-mal mehr Erdwärme-Sonden installiert als 1995. Die Heizung aus der Tiefe erfordert zwar auch Energie für ihren Betrieb, spart aber dennoch insgesamt beträchtliche Energie ein – unterm Strich etwa 30 Prozent. Wer ökologische Baumaterialien benutzt, tut etwas für seine Gesundheit und spart später Entsorgungskosten. Er erzielt einen dreifachen Gewinn: Für seinen Geldbeutel, für seine Gesundheit und für seine Umwelt. Wir müssen gewinnen lernen! Dann haben wir weniger Grund zum Jammern.

15. Solarpolitik ist Sozialpolitik – der neue Reichtum

Wenn der Wind des Wandels weht, dann bauen die Einen Mauern, aber die Anderen bauen Windräder. Wind, Sonne, Biomasse und Erdwärme sind die entscheidenden Energieträger der Zukunft. **Die** Gesellschaft, die sich als erste den 100-prozentigen Umstieg auf erneuerbare Energien vornimmt und organisiert, hat ökonomische, ökologische, soziale und ethisch-moralische Vorteile, weil wir nur mit neuer Energie vor künftigen Generationen bestehen können. Deutschland ist erneuerbar.

In diesen Tagen kann man hier zu Lande nur beten: »Lieber Gott, gib den Politikern ein besseres Deutsch und den Deutschen eine bessere Politik.« Wenn die Bundesregierung bei allem Koalitions-Durcheinander beherzt die Zukunftschancen dieses reichen Landes realistisch sieht und die Weichen für die Zukunft richtig stellt, dann hat Deutschland wunderbare Möglichkeiten. Die Energiefrage ist freilich die Schlüsselfrage für eine gute oder eine schlechte Zukunft: ökonomisch, ökologisch und sozial.

Die Bundesregierung sollte deshalb

- die Politik zur breiten Einführung der erneuerbaren Energien fortführen;
- neben dem seit Jahren erfolgreichen Erneuerbare-Energie-Strom-Gesetz rasch ein Erneuerbare-Energie-Wärme-Gesetz verabschieden;
- die Nutzung stromsparender Geräte und die energetische Altbausanierung fördern;

- die noch immer existierenden Steuer-Privilegien für Atomenergie streichen und
- die Gründung einer Internationalen Agentur für erneuerbare Energien vorantreiben.

In früheren Kulturen wussten die Menschen noch von der Abhängigkeit allen Lebens von der Sonne. Deshalb wurde sie zum Grundelement von Religionen und Opferkulten. Aussaat und Wachstum, Ernte und Feste waren abhängig von ihrem Licht und ihrer Wärme. Erst die Aufklärung und die »modernen« Kirchen haben das Bewusstsein von der Sonne als allumfassender Lebensspenderin getrübt. Ganz anders noch Jesus: Er sprach davon, dass sein himmlischer Vater die Sonne über Gerechte und Ungerechte scheinen lasse. Die Bergpredigt ist noch voll von naturnahen Gottesbildern. Doch die Kirchen haben an ihre Stelle saft- und kraftlose abstrakte Gottesbilder gesetzt.

Hoffnungsvoll ist allerdings, dass im Jahr 2005 in Deutschland bereits 740 christliche Kirchengemeinden beider großer Konfessionen Solaranlagen auf ihren Kirchendächern installiert haben. Sie bieten dem Heiligen Geist endlich Landeflächen. So wird Religion konkret und praktisch. Der Schöpfergott ist kein Asket, sondern ein von ernstem Frohsinn inspirierter Künstler, der allein mit Erde und Sonne ein großartiges Gesamtkunstwerk schuf. Keinen Duft und keinen Klang, keine Farbe und keine Form hat Gott oder die Götter vergessen und auch nicht das Licht und die Wärme.

Die Industrialisierung hat die großen Zusammenhänge der Natur in vielen Köpfen verdrängt. Doch die moderne Naturwissenschaft lehrt uns wieder, wie sehr wir von der Sonne abhängig sind. Wenn es in den nächsten Jahrzehnten gelingt, nur einen Bruchteil der Sonnenenergie zu nutzen, dann ist das Energieproblem ohne Umweltbelastung für alle Zeiten gelöst.

Diese unerschöpfliche und urschöpferische Quelle kann Reichtum und Wohlstand für alle Menschen bedeuten. Wir können mit Solarenergie in eine nie da gewesene solare Kulturepoche starten. Die solare Weltrevolution kann die erste wirklich friedliche Weltrevolution werden. Um die Sonne können keine Kriege geführt werden. Sie ist – Gott sei Dank – menschlichem Zugriff entzogen. Die Lösung der Energiefrage steht am Himmel. Richtig ist, dass auch erneuerbare Energien Geld kosten. **Aber Atomenergie könnte uns die Zukunft kosten**. Noch haben wir die Wahl. Alles liegt an uns. An wem denn sonst?

Solarpolitik ist Sozialpolitik

Der große Philosoph des Atomzeitalters, Günther Anders, sagte einmal: »Unser größtes Problem ist, dass wir uns nicht mehr vorstellen, was wir anstellen.« Da ich in den letzten 25 Jahren politisch und persönlich viel Grund hatte, umzudenken, weiß ich, wovon Günther Anders sprach. Erst als ich mir konkret und praktisch vorzustellen begann, was Atomkraftwerke und das atomare Wettrüsten bewirken können, war ich fähig umzudenken. Neues Bewusstsein ist Voraussetzung für neues Denken und neues Handeln. Solange mir nicht bewusst war, dass ich mit einem Liter Benzin 10 000 Liter Luft verpeste, bin ich etwa 15-mal soviel Autokilometer gefahren wie heute. Solange mir nicht bewusst war, dass wir mit unserem ganz gewöhnlichen Energieverhalten in einem Jahr soviel Öl, Kohle und Gas verbrennen, wie in einer Million Jahren gewachsen ist, solange habe auch ich keinen Grund gesehen, mir ernsthaft über Alternativen zur heutigen Energiepolitik Gedanken zu machen.

Auch ich war bis zur Tschernobyl-Katastrophe ein Befürworter der Atomkraft. Auch ich hatte den Fachleuten geglaubt, die uns erzählt haben: »Höchstens alle 10 000 Jahre kann etwas passieren.« Aber alle 10 Jahre **ist** etwas passiert: Im englischen Sellafield, im sowjetischen Tscheljabinsk, im amerikanischen Harrisburg und schließlich in Tschernobyl. Brauchen wir wirklich ein zweites Tschernobyl, um aufzuwachen? Wie, Edmund Stoiber, Günter Öttinger, Christian Wulff und Roland Koch, werden Sie dann argumentieren?

Ein großer Unfall in Deutschland könnte weite Teile unseres Landes für lange Zeit unbewohnbar machen. Wie, liebe christdemokratische Ministerpräsidenten, wollen Sie Ihr Werben für Atomkraft je mit Ihrem christlichen Gewissen und Ihrem Slogan »Bewahrung der Schöpfung« vereinbaren? Atomare Glücksritter dürften sich nie und nimmer auf den Mann aus Nazareth berufen.

Hinzu kommt, dass wir weltweit kein einziges Endlager für Atommüll haben, das diesen Namen verdient. In dieser Situation längere Laufzeiten für AKWs zu fordern, ist wie in ein Flugzeug zu steigen, obwohl der Kapitän nicht weiß, wo und ob er je wieder landen kann.

Billiger Atomstrom?

Wir wissen nur eines: Atommüll strahlt viele zehntausend Jahre. Nichts ist so unverantwortlich wie Jahrtausende lang die Folgekosten unseres Tuns künftigen Generationen zu hinterlassen. Was würden wir wohl sagen, wenn die Römer vor 2000 Jahren in Germanien Atomkraftwerke gebaut hätten und wir müssten heute die Kosten ihres Atommülls finanzieren? Nichts kommt uns und künftigen Generationen so teuer wie Atomstrom, wenn endlich richtig gerechnet wird. Ich habe Michail Gorbatschow in einem Fernsehgespräch gefragt, wie teuer für die russische Volkswirtschaft die Atomkatastrophe von Tschernobyl war. Seine Antwort: »500 Milliarden Dollar«. Billiger Atomstrom?

Richtig ist, dass der Betrieb von AKWs weit weniger Treibhausgase produziert als das Verbrennen von Kohle, Gas und Öl. Aber muss ich deshalb wirklich auf Atomkraft setzen? Muss ich für die Pest sein, wenn ich die Cholera vermeiden möchte? Das riesige Potenzial der erneuerbaren Energien reicht bei weitem aus, um langfristig nicht nur die fossilen Brennstoffe, sondern auch den Atomstrom zu 100 Prozent zu ersetzen.

Der aktuelle Iran-Konflikt zeigt, dass die sogenannte friedliche Nutzung der Atomenergie von der militärischen Nutzung nicht getrennt werden kann. Ohne AKWs keine Atombomben!

Der behauptete Kostenvorteil der Atomenergie beruht ausschließlich darauf, dass seit den fünfziger Jahren weltweit 1000 Milliarden Dollar Steuergelder in Forschung und Entwicklung für Atomtechnik investiert wurden und noch immer werden.

In den letzten 30 Jahren wurden weltweit nur etwa ein Zwanzigstel Steuergelder in Erneuerbare Energien investiert. Diese aber sind sicher, nicht klimaschädlich, verursachen keine Folgekosten, bieten keine Angriffsziele für Terroristen und reichen »ewig«. Sie sind preiswert, weil uns Sonne, Wind, Wasser und Erdwärme nie eine Rechnung schicken.

Um diese Ressourcen werden keine Kriege geführt. Sie stehen in allen Ländern allen Menschen zu aller Zeit zur Verfügung. Allein die Sonne schickt uns jeden Tag 15 000-mal mehr Energie auf die Erde als alle 6,5 Milliarden Menschen verbrauchen. Es gibt also keine Energieprobleme – es gibt nur falsches Energieverhalten. Aber das können wir ja ändern. Mehr und mehr Menschen und Länder tun dies auch.

Günther Anders' Philosophie gilt nicht nur im Negativen, sondern auch im Positiven. Erst wenn wir Erfahrung mit Alternativen sammeln, stärken wir die positiven Kräfte der Umkehr. Erst wenn wir alternative Energiequellen kennen gelernt haben und an ihrer Durchsetzbarkeit arbeiten, haben sie eine Chance. Besonders töricht ist die Behauptung: »Ich kann ja doch nichts ändern.« Wer das glaubt, darf sich nicht wundern, wenn sich tatsächlich nichts ändert.

Die Voraussetzung für alle wirklichen Veränderungen ist die tiefe Überzeugung: »Ich kann, wenn ich wirklich will.« Wir müssen uns auch im Positiven vorstellen, was wir – zum Beispiel mit alternativen Energien – »anstellen« können. 72 Prozent der Deutschen und 52 Prozent der Franzosen sind heute zwar gegen Atomkraftwerke, aber sie glauben nicht wirklich an die Möglichkeit von Alternativen. Sie lassen sich von der Energiewirtschaft und der von ihr abhängigen Politik verunsichern und geistig, aber auch finanziell erpressen. Wenn wir mithelfen wollen, die Menschheit zu retten, müssen wir uns für eine andere Energiepolitik engagieren. Sie ist nötig und möglich. Die Energiefrage ist der Schlüssel für eine bessere oder schlechtere Welt. Solarenergie ist die einzige Chance, die globale Umweltkatastrophe zu verhindern.

Ihre Durchsetzung erfordert eine Sonnenpolitik. Und dazu gehört künftig in jeder Regierung ein eigenes Solarministerium, so wie es früher ein Atomministerium gab. Indien ist das erste Land der Welt mit einem eigenen Ministerium für erneuerbare Energien. Der Erfolg der Solarpolitik hängt wesentlich davon ab, ob es gelingt, andere politische Schwerpunkte zu setzen: von der Kommunalpolitik, über die Länder, den Bund und die EU bis zur Weltpolitik. Die Milliarden-Finanzströme für

Energie müssen umgelenkt werden, wenn wir nicht in der fossilen Öl-, Gas- und Kohleära versumpfen wollen.

Die Sonnenpolitik muss die klassische Energiepolitik und die Forschungspolitik, die Landwirtschafts- und Verkehrspolitik, die Steuer- und die Baupolitik, die Entwicklungs- und die Wirtschaftspolitik bestimmen. Sie erfordert den größten Paradigmenwechsel seit Beginn der industriellen Revolution. Wir müssen die Irrwege des Atom- und Ölzeitalters verlassen und Wege ins Jahrhundert der Umwelt finden.

Solarpolitik ist die Sozialpolitik der Zukunft: Die Wirtschafts- und Arbeitsplatzkrisen in der nördlichen Erdhälfte sind ebenso wie das Hungerproblem der südlichen Erdhälfte nur mit erneuerbaren Energiequellen zu lösen. Die Zerstörungsenergien, die wir heute benützen, müssen durch die Erneuerungsenergien aus der Sonnenkraft ersetzt werden. Unsere Abnabelung von der Sonnenenergienutzung früherer Jahrhunderte hat uns auf die »schiefe Bahn« gebracht. Nur eine Rückkoppelung an die Sonne garantiert Fortschritt und Überleben.

Die Sonne ist unser Rettungsanker: Politik und Wirtschaft werden dieses Grundgesetz des Seins mühsam lernen müssen. Nur mit bezahlbarer Energie kann allgemeiner Wohlstand für alle organisiert und aufrecht erhalten werden. Eine Energie, deren Stoff nichts kostet, ist grundsätzlich preiswerter als die alte fossil-atomare Energieproduktion mit unvorstellbar hohen Folgekosten. Die Rente allein nutzt alten Menschen so wenig wie ein hohes Kindergeld den jungen oder ein Arbeitsplatz den Arbeitnehmern, wenn wir keine Luft mehr haben zum Atmen, kein Wasser zum Trinken und keine Böden, auf denen noch etwas wächst. Lebensplätze sind so wichtig wie Arbeitsplätze.

Politiker handeln in aller Regel erst, wenn ein entsprechendes Bewusstsein »von unten« sie dazu zwingt. Voraussetzung für ein breites solares Bewusstsein ist Information. Erst wenn wir wissen, was möglich ist, wird es auch geschehen.

Nach einem meiner vielen Vorträge in Banken machten zum Beispiel Angestellte der Stadtsparkasse Augsburg ihren Kunden diese Rechnung auf:

Wer im Jahr 2006 – ohne Eigenkapital – eine Photovoltaik-Anlage installieren möchte, kann veranschlagen:

- Anlageleistung 5 kwp (macht Strom für eine 4-köpfige Familie)
- Größe der Anlage: 45 m^2
- Kosten: ca. 25 000 Euro
- Anlageertrag etwa 4500 kWh pro Jahr
- Einspeiseerlöse: 2231,50 Euro pro Jahr
- Einspeisevergütung 2006: 51,8 Cent pro kWh
- Pacht und Miete entfallen bei eigenem Objekt
- Versicherung (Haftpflicht, Hagel, Sturm, Blitz etc.) 100 Euro pro Jahr

Finanzierung über ein KfW-Darlehen:

Einspeiseergebnis: 20 x 2231,50 Euro	46 630,00 Euro
Zins-Tilgungsraten:	- 34 469,35 Euro
Bearbeitungsgebühr KfW:	- 1000,00 Euro
Versicherung 20 x 100 Euro:	- 2000,00 Euro
Gewinn für 20 Jahre	**9160,65 Euro**

Bei Investition in einem gewerblichen Objekt könnte eine Rechnung auch so aussehen – sagt die Stadtsparkasse Augsburg:

Wer 1 000 000 Euro (davon 100 000 Euro Eigenkapital) in eine große Solaranlage investiert, hat nach 20 Jahren ca. 528 000 Euro vor Steuern. Eine äußerst günstige Investition.

Sparkassen, die heute zu Solarveranstaltungen einladen, erklären nahezu übereinstimmend: »Es gibt zurzeit kaum eine bessere Geldanlage als eine Solaranlage in Deutschland.« Noch günstigere Einspeisevergütungen gibt es in Spanien und seit einem Jahr auch in Italien.

Ansprechpartner der Stadtsparkasse Augsburg:
Michael Ott,
Berater für Sonderkredite,
Tel. 0821/3255871,
E-Mail: michael.ott@sska.de

Wir können mit der Sonne nicht nur Geld sparen, wir können mit der Sonne auch Geld verdienen.

Die bisherigen Revolutionen haben soziale, politische oder wirtschaftliche Fortschritte oder Rückschritte für bestimmte Regionen gebracht. Die Solarrevolution dagegen impliziert eine völlig neue Perspektive für die Menschheit. Die Rückkehr zur Sonne bedeutet eine Humanisierung der industriellen Revolution auf dem ganzen Planeten. Globale Sonnenpolitik führt zu einer solaren Weltwirtschaft, zur ersten globalen Revolution.

16. Krieg um Öl oder Frieden durch die Sonne?

Das Zeitalter der Energiekonflikte hat begonnen. Der Energieverbrauch der Menschheit ist größer denn je. Er wird sich in den nächsten Jahrzehnten noch mal verdoppeln – hauptsächlich durch die ökonomische Entwicklung in Indien, China und Brasilien. Das hat dramatische Folgen für Klima und Umwelt, aber auch für die Kriegsbereitschaft der großen Gesellschaften. Für den amerikanischen Spezialisten für Wirtschaftsentwicklung Mikkal Herberg ist »kein Szenario mehr denkbar, das **nicht** zu einer Konfrontation zwischen den USA und China in Sachen Energie führt.«

Die beiden US-Präsidenten Bush haben uns in zwei Irak-Kriegen einen Vorgeschmack über die künftigen Ressourcenkriege vermittelt. Wenn wir nicht lernen, rasch auf alternative Energien umzusteigen, droht das größte Gemetzel der Menschheitsgeschichte – im Atomzeitalter. Nach dem Irak-Krieg könnte der Iran Washingtons nächste Tankstelle werden. Japan und China streiten noch diplomatisch um die Gasreserven vor ihren Küsten. Aber die kommunistische »Volkszeitung« in Peking hält den Gasstreit bereits für ein »Vorspiel zu Schlimmerem«. Und Japans Regierung änderte soeben seine Sicherheitsdoktrin, weil sich »Konflikte um Ressourcen zu Kriegen ausweiten könnten.«

China hat die 2005 geplanten Sanktionen der UNO gegen den Sudan wegen der Greueltaten gegenüber der eigenen Bevölkerung im Darfur-Konflikt nicht zugestimmt, weil die boomende chinesische Wirtschaft vom Sudan unbedingt billiges Erdöl braucht. Und Japan macht Russland immer häufiger die riesigen Gasreserven in Sibirien streitig. Begründung: Sie lägen doch »direkt vor unserer Haustür«.

Die entscheidende politische Frage des 21. Jahrhunderts heißt: Kriege um Öl oder Frieden durch die Sonne?

Dabei haben wir alle Alternativen der Welt. Wir müssen gar keine gnadenlosen Verteilungskämpfe um die zu Ende gehenden Öl-, Gas- und Kohlereserven führen. Denn die »Fünf Großen Alternativen« Sonne, Wind, Wasserkraft, die Bioenergie und Erdwärme stellen uns alles zur Verfügung, was wir brauchen. Und zwar in Hülle und Fülle und in allen Ländern. Nur mit diesen sanften, preiswerten, umweltfreundlichen und nie zu Ende gehenden Energiequellen können wir das Zeitalter der Kriege endgültig hinter uns lassen und eine friedliche Zukunft organisieren. Das US-amerikanische Wirtschaftsministerium hat in einer Studie errechnen lassen, dass in und um die USA (im Atlantik und Pazifik) allein über Wind doppelt soviel Strom produziert werden könnte wie die USA zurzeit verbrauchen.

Nicht nur der Krieg im Irak, auch die Kriege in Tschetschenien und in Afghanistan, Bürgerkriege in Afrika und die Begierden, sich die letzten großen Öl- und Gasreserven am Kaspischen Meer militärisch zu holen, zeigen deutlich, was uns in Zukunft bevorsteht, wenn wir nicht so schnell wie möglich ins Solarzeitalter einsteigen.

Bin Laden als Volksheld

Auch der 11. September war wahrscheinlich im Angesicht der drohenden Terrorgefahren ein harmloses Vorspiel. Der größte Gefahrenherd ist Saudi-Arabien. 15 von 19 Terroristen des

11. September kamen aus dem reichen Ölland. Es gibt reiche Saudis, die zehntausend Dollar für jeden getöteten US-Soldaten bezahlen. Der saudische Reichtum basiert aber auf den Ölexporten. So finanzieren alle Ölverbraucher auch den Terror, vor dem sie sich so fürchten. Zurzeit sagen bei Umfragen in Saudi-Arabien etwa 50 Prozent der jungen Leute, Bin Laden sei ihr Held.

Saudi-Arabien exportiert nicht nur Erdöl, sondern auch Terrorismus. Aber die US-Regierung schützt das saudische Herrscherhaus. George W. Bush betrieb früher eine Erdölfirma. Seinen ersten Kredit erhielt er von der Familie Bin Laden. Man kennt sich!

Der Irak-Krieg des George W. Bush hat mehr als 30 000 Menschen das Leben gekostet. Und der Irak ist dadurch alles andere als eine stabile Demokratie geworden. Wieder einmal zeigt sich, dass wir mit Gewalt keine Konflikte lösen können. Wer Gewalt sät, wird Gewalt ernten. Das gilt für die Bushs und das gilt für Bin Laden und für Saddam Hussein.

Kriege zerstören zwangsläufig das, was sie zu retten vorgeben. Kriege sind nie eine Lösung, sie sind immer Teil des Problems. Gewalt macht süchtig, wobei der Verlierer nach Rache dürstet und der Sieger nach weiteren Siegen.

Frieden kann nur mit friedlichen Mitteln, also durch Dialog, erreicht werden. George W. Bush hat im Irak-Krieg verloren wie Präsident Nixon in Vietnam. Der zweite Golf-Krieg hat den weltweiten Terrorismus gestärkt. Bush war der beste Helfer der Terroristen. Und weltpolitisch waren die USA noch nie so isoliert wie heute.

Die Terroristen schlagen immer gnadenloser zu. Aber der am weitesten verbreitete Terror ist der Hunger. Täglich verhungern und verdursten auf unserem Planeten 26 000 Menschen. Alle fünf Sekunden verhungert ein Kind. Das ist die größte Schande unserer Zeit. Die Ursachen des Terrorismus werden verdrängt, vergessen und noch immer vernachlässigt. Das Programm »Brot statt Bomben« könnte helfen, beide Probleme zu lösen. Sie hängen zusammen. Aus der Sicht unserer Kinder handeln wir absolut gewissenlos.

Die heutigen Kinder und Jugendlichen erleben noch das Ende der Öl- und Gas-Reserven auf unserem Planeten. Wir verbrauchen in Jahrzehnten, was die Natur in Jahrmillionen geschaffen hat. Wir verbrennen wie eine Generation von Pyromanen die Zukunft unserer Kinder.

Nur eine Sonnenstrategie eröffnet die Chance zum Weltfrieden

Es gibt keine Bush-Sonne und keine Bin Laden-Sonne, so wie es keine Shell- oder Aral-Sonne gibt, sondern nur unser **aller** Sonne. Unser Zentralgestirn ist jedem menschlichen Zugriff entzogen. Der junge Mann aus Nazareth hat – wie schon gesagt – die Sonnenstrategie schon vor 2000 Jahren in seiner Bergpredigt unnachahmlich auf den Punkt gebracht: »Unser himmlische Vater lässt seine Sonne scheinen für Gerechte und Ungerechte.«

Auch am heutigen Tag könnten wir hunderte Millionen Kilowattstunden Solarstrom ernten, aber wir wollen uns von der Natur einfach nicht beschenken lassen. Stattdessen holen wir Gas aus Sibirien und führen Kriege um Öl oder betreiben gefährliche AKWs mit Uran aus Australien. Kriege sind immer Massenmord und eine Bankrotterklärung der dafür verantwortlichen Politiker. »Krieg bringt keine Lösung«, sagte Papst Johannes Paul II. zu George W. Bush. Vergeblich, wie wir erleben mussten.

Und der Dalai Lama schrieb am Abend des 11. September 2001 an Bush: »Lieber Herr Präsident, auch Bin Laden ist unser Bruder.« Der Präsident aber hat außer »Rache« nichts verstanden. Das Ergebnis der Ignoranz ist furchtbar.

Aber auch beim Krieg gegen die Natur ist George W. Bush ignorant. Selbst die Hurrikan-Katastrophen haben noch keine Klimaschutzpolitik der USA bewirkt. Was muss eigentlich noch alles passieren? Entweder wir schaffen die heutige Energiepolitik ab oder diese schafft uns ab.

Wer will, dass die künftige Entwicklung eine friedliche ist, muss Abschied nehmen von Erdöl und Erdgas und sich einsetzen für eine ökonomische Entwicklung mit erneuerbaren Energien auf der ganzen Welt.

Nur mit erneuerbaren Energien ist Frieden mit der Natur und Frieden zwischen den Völkern und Kulturen möglich. So wird neues Wachstum für **alle** entstehen. Wir haben erstmals die Chance, daran mitzuarbeiten, dass auf unserer Erde kein Kind mehr verhungern muss.

In den meisten Entwicklungsländern scheint die Sonne satt, aber sie haben keine Energie. Zwei Milliarden Menschen sind heute noch ohne Strom. Doch wir wissen, wie sich diese groteske Situation ändern lässt.

Trotzdem wird die Illusion, wir könnten mit der alten Energiepolitik weitermachen und dennoch Frieden organisieren, aufrechterhalten, nicht nur in Asien, sondern auch in Afrika. Wir können aber den Tanz um das ölige Kalb beenden.

Die Supermacht Sonne

Spitzenpolitiker auf der Höhe der Zeit könnten uns Wählerinnen und Wähler eine aufregende Botschaft schmackhaft machen:

- die solare Energiewende ist in der nächsten Generation machbar.
- Energie aus Sonne, Wind, Erdwärme, Biomasse und Wasserkraft wird auch ökonomisch immer attraktiver.
- Der unschlagbare Vorteil der regenerativen Energien ist ein ökonomischer: Sonne, Wind, Erdwärme und Wasser stehen uns kostenlos zur Verfügung.
- Die alten Energien werden immer teurer, die neuen Energien immer preiswerter.
- Nur erneuerbare Energien bieten noch einen Fluchtweg aus dem Treibhaus.
- Um Sonne und Wind werden keine Kriege geführt.

Die Sonne ist **die** Energie-Supermacht aller Zeiten. Warum verbünden wir uns nicht rasch mit ihr? Gegenüber der direkten und indirekten Sonnenenergie sind fossile Energien und Atomenergie marginal; nicht mehr als eine Fußnote der Energie-Geschichte.

Ohne Sonnenlicht würden wir nicht existieren. Die Sonne lässt uns leben. Ohne Sonne gäbe es keine Atmosphäre und keine Ordnung auf der Erde – sie wäre wüst und leer. Diese Sonne, ihr Licht, ihre Kraft und ihre Energie gilt es neu zu entdecken.

Nicht zufällig ist die Sonne in allen Religionen, heiligen Schriften und Weisheitslehren **das** göttliche Symbol. Irgendwann werden die Theologen vielleicht Gott als Energie definieren – als die Kraft, aus der alles Leben und alle Ordnung und alles Sein, das wir kennen, hervorgingen und permanent hervorgehen. Gott ist Liebe, Leben und Energie. Gott ist die Kraft, die alles am Leben hält und zusammenhält. Sonne ist einleuchtend. Sonne ist Leben. Sonne bedeutet Frieden. Der Heilige Franziskus nannte die Sonne »unsere Schwester«.

Und die Sonne kann Millionen neue Arbeitsplätze schaffen, wie wir im nächsten Kapitel sehen werden.

17. Die Zukunft der Arbeit

Ein Gespenst geht um in der Bundesrepublik: das Gespenst der Massenarbeitslosigkeit. Beinahe 5 Millionen Menschen sind ohne Arbeit, so die offizielle Statistik. Die Arbeitslosenquote ist in Deutschland etwa doppelt so hoch wie in den USA, 3-mal so hoch wie in Japan und weit höher als in England. Neue Arbeitsplätze überall – nur nicht bei uns!

- Am Beginn der siebziger Jahre hatten wir in Deutschland eine Arbeitslosenquote von etwa 1 Prozent
- Anfang der achtziger Jahre stieg diese Zahl auf ca. 3 Prozent;
- 1990 gab es 5,5 Prozent Arbeitslose (etwa 3,5 Millionen)
- 1998 10 Prozent (4,5 Millionen) und
- 2006 über 11 Prozent

1993 haben in Deutschland rund 7,5 Millionen Beschäftigte in der Industrie einen Umsatz von 1000 Milliarden Euro erwirtschaftet. Heute erzielen 20 Prozent weniger Beschäftigte einen 30 Prozent höheren Umsatz.

Unter diesen Voraussetzungen wären vier bis fünf Prozent Wachstum pro Jahr nötig, um in vielleicht 20 Jahren wieder Vollbeschäftigung zu haben. Solche Wachstumsraten sind jedoch absolut unrealistisch und ökologisch nicht zu verantworten.

Die dramatische Entwicklung zeigt, dass die herrschende Ökonomie und die Politik keine Instrumente mehr haben, um die Massenarbeitslosigkeit dauerhaft zu verringern. Im Frühjahr 1996 hatten die Bundesregierung und die Tarifparteien verkündet, sie wollten die Zahl der Arbeitslosen bis zum Jahr 2000 halbieren. Doch schon wenige Monate danach gab Kanzler Kohl dieses schöne Ziel wieder auf. Ein Offenbarungseid!

Als Gerhard Schröder 1998 Bundeskanzler wurde, verkündete er leichtsinnigerweise: Messt mich bei der nächsten Wahl am Abbau der Arbeitslosigkeit! Das Ergebnis ist bekannt!

Die soziale Marktwirtschaft war in den ersten vier Jahrzehnten der Bundesrepublik die ordnungspolitische Voraussetzung für das »deutsche Wirtschaftswunder«. Jetzt aber – in den Zeiten des Verfalls sozialer und ethischer Bindungen mit dramatisch zunehmender Armut im immer reicher werdenden Deutschland –, jetzt aber gleiten wir in einen Kapitalismus ohne Arbeit. Das offensichtlichste Symptom dieser Entwicklung: Die Aktien steigen, und die Zahl der Arbeitslosen steigt auch. Die Zahl der Millionäre steigt und die Zahl der Armen auch. Die Zahl der Sonntagsreden zum Thema Umweltschutz steigt und das Ausmaß der Umweltverschmutzung und Klimazerstörung auch.

Das Fehlen von Perspektiven und Visionen innerhalb der großen Parteien gefährdet allmählich auch die Demokratie in Deutschland.

Damit Arbeit nicht nur beschafft, sondern hauptsächlich neu verstanden wird, brauchen wir neue und differenziertere Fragestellungen als bisher:

- **Wozu** arbeiten wir?
- **Wann** arbeiten wir?
- **Wie lange** arbeiten wir?
- Arbeiten wir, um zu leben, oder leben wir, um zu arbeiten?

Die Arbeit der Zukunft

Den klassischen sozialpolitischen Weg für neue Arbeitsplätze zeigt eine Studie von Berliner Soziologen auf. Sie geht davon aus, dass in Deutschland ca. drei Millionen Arbeitsplätze geschaffen werden können durch

- eine 32-Stunden-Arbeitswoche,
- mehr Teilzeitarbeit,
- Halbierung der Überstunden,
- bei Schichtarbeit mehr Freizeit statt mehr Geld,
- mehr Fortbildung,
- mehr Elternurlaub.

In Deutschland und Westeuropa gibt es zwar nicht genügend Arbeitsplätze, aber sehr viel Arbeit. Die Menge ungetaner Arbeit wird immer größer. Zum Beispiel im Bereich der Dienstleistungen, in der Pflege, im Umweltschutz, im Wohnungsbau, im Lernen von fremden Sprachen. Wir haben also überhaupt nicht zu wenig Arbeit. Was uns fehlt, ist die Arbeit für die Arbeit.

Weniger arbeiten

Bei einer durchschnittlichen 42-Stunden-Woche hätten wir heute noch weit mehr Arbeitslose. Die alte gewerkschaftliche Forderung »Immer weniger arbeiten und dabei immer mehr verdienen« widerspricht so sehr jeder ökonomischen Vernunft wie die irreale Vorstellung der Unternehmer, dass mit permanentem Wirtschaftswachstum wieder Vollbeschäftigung zu erreichen sei.

Zwei Millionen neue Arbeitsplätze sieht der Unternehmensberater McKinsey, wenn die Möglichkeiten individueller Arbeitszeitverkürzung ausgeschöpft werden.

Flexiblere Arbeitszeiten und dadurch neue Jobs sind möglich zum Beispiel durch gleitenden Ruhestand und gleitenden Einstieg in die Arbeitswelt, durch kürzere Lebensarbeitszeit, durch Halbtags-, Zweidrittel- und Dreiviertelstellen, über Bildungsurlaub, Erziehungspausen, Job-sharing und Zeitkonten. Ein befreundetes Ehepaar – beide Mediziner – betreiben zusammen eine Arztpraxis. Eine Woche arbeitet er in der Praxis, die nächste Woche sie. Abwechselnd kümmern sie sich um die Kinder. Ein solcher Familienarbeitsplatz ist leider eine Ausnahme. Ein solcher Familien- oder Partnerarbeitsplatz hat viele Vorteile – für die Kinder, für die Beziehung und für individuelle Arbeitszeitgestaltung.

Halbe-halbe bei der Hausarbeit

Ein ganz wesentlicher Teil der Lösung heißt: kürzere Erwerbsarbeitszeiten für Frauen und Männer sowie halbe-halbe bei der Hausarbeit. Mit dem Slogan »Ganze Männer sind für halbe-halbe« warb das österreichische Sozialministerium für Männerhausarbeit. Es ist eine ziemlich naive Männerillusion, davon auszugehen, dass eine heute beruflich gut ausgebildete junge Frauengeneration morgen weitgehend auf Erwerbsarbeit verzichten wird. Auch volkswirtschaftlich ist es Unsinn, die eine Hälfte der jungen Generation zuerst beruflich hoch zu qualifizieren, wenn sie danach ihren Beruf **nicht** ausübt.

Die Viertagewoche wie bei VW ist also nur **eine** Möglichkeit. Insgesamt gibt es heute allein bei VW 150 Varianten, die Arbeitszeit unterschiedlich aufzuteilen. Jetzt kann kein Ideologe mehr behaupten, Flexibilität bringe nichts. Leider hat die neue Konzernspitze von VW im Sommer 2006 angekündigt, das bewährte Konzept neoliberalen Vorstellungen anzupassen. Die logische Folge längerer Arbeitszeiten auch bei VW wird sein, dass der Autokonzern viele Tausend Mitarbeiter entlassen muss.

Deutschland ist am Beginn des 21. Jahrhunderts noch immer ein Teilzeit-Entwicklungsland – vor allem, was Männer betrifft. In Holland haben 6-mal mehr Männer und doppelt so viele Frauen einen Teilzeit-Arbeitsplatz. Längst haben Arbeitnehmer in Dänemark das Recht auf ein Sabbatjahr – ein Jahr Arbeitspause. Das bringt viele neue Jobs.

Die Arbeit der Zukunft wird flexibler. Das heißt: Die Zukunfts-Arbeit wird weiblicher! Denn Frauen haben durch Schwangerschaft, Menstruation und Teilzeitarbeit schon seit langem flexiblere Vorstellungen von der Arbeitswelt als Vollzeit-Erwerbsarbeits-Männer, patriarchalisch orientierte Gewerkschaften und von Männern dominierte Unternehmerverbände. Für sich emanzipierende Männer und Frauen, für die Partnerschaft und Kinder wertvoll sind, wird Zeitsouveränität ein wesentliches Kriterium für ein gelingendes Leben werden. Im Informationszeitalter der Zukunft werden die klassischen »festen Arbeitszeiten« der Vergangenheit angehören. Welche Frau möchte mit einem Arbeitstier verheiratet sein? Und welcher Mann?

Das »Wachstum« der besonderen Art

In Zeiten wirtschaftlicher Normalität wie heute, wo sich das »Wachstum« um die null Prozent herum einpendelt, entlarven sich die alten Grundsätze der »Tarifparteien« als irreale Wunschvorstellungen. Dies wird schon an der Sprache deutlich: Auch wenn die Wirtschaftsproduktion auf dem heutigen Niveau stagniert, wird noch von »Wachstum« geredet und geschrieben. Das verräterische Wort heißt dann »Null-Wachstum«. Und selbst wenn die Produktionszahlen insgesamt zurückgehen, heißt es noch immer Wachstum – »Minus-Wachstum« eben. Das ist ein besonders feiner Unsinn! Ein Wachstum der besonderen Art!

Dieser ökonomische Unverstand wird auch noch als Realpolitik ausgegeben. Jetzt rächt sich, dass die alten Wirtschafts- und Sozialpolitiker noch nicht wirklich begriffen haben, dass die neue ökologische Frage die alte soziale Frage abgelöst hat. Nichts ist so unsozial wie die Zerstörung unserer Lebensgrundlagen. Unsere Kinder und Enkel werden uns weniger daran messen, ob sie 80 oder 100 Euro mehr oder weniger Rente bekommen, als vielmehr daran, ob wir ihnen reines Wasser, gesunde Böden und saubere Luft hinterlassen.

Zwar weiß jedes Kind, dass in einer endlichen Welt die Wirtschaft niemals unendlich wachsen kann, aber die Vertreter der alten Ökonomie und der alten Politik wollten und wollen dieses Naturgesetz bis heute nicht wahrhaben. Ein Mensch, ein Tier und eine Pflanze wachsen äußerlich nur eine bestimmte Zeit: dann sollte – zumindest beim Menschen – äußeres Wachstum von innerer Reife abgelöst werden. Ganz offensichtlich fällt dieser Übergangsprozess von Wachstum zu Reife in der Volkswirtschaft so schwer wie bei uns Menschen. Hier liegt heute das ökonomische Hauptproblem. Reifeprozesse sind angesagt, wo bisher auf Wachstum gesetzt werden konnte. Mit weniger Ressourcenverbrauch können wir mehr Arbeitsplätze schaffen, wenn wir ökologisch wirtschaften lernen. Dadurch bekommt Wirtschaft und Wirtschaftswachstum eine neue Qualität. Durch eine bessere Energie-Effizienz könnten wir bis zu zehn Milliarden Euro pro Jahr einsparen.

Drei Millionen Arbeitsplätze im Umweltschutz?

Früher hörte man oft, Umweltschutz sei ein Arbeitsplatzkiller. Jetzt lernen wir, Umweltschutz sei **der** Arbeitsplatzknüller der Zukunft. Was mag wohl stimmen?

Schon heute arbeiten im Umweltschutz in Deutschland weit mehr Menschen als im hochbewerteten Automobilbau, nämlich 1,5 Millionen – während die Autobranche noch etwa 800 000 Jobs aufweisen kann.

Doch jetzt übergaben die Umweltverbände BUND, NABU und der Deutsche Naturschutzbund Umweltminister Gabriel gemeinsam eine Studie, aus der hervorgeht, dass in Deutschland bis 2020 etwa drei Millionen Menschen einen Arbeitsplatz finden könnten.

Voraussetzung ist freilich ein schnellerer Einstieg in ökologische Innovationen, vor allem bei erneuerbaren Energien, Energieeffizienz, ökologischer Mobilität, ökologischem Bauen und Renovieren sowie im ökologischen Landbau. Wenn zum Beispiel ein konventionell landwirtschaftender Betrieb mit zwei Mitarbeitern auf Ökolandbau umstellt, benötigt er künftig drei Mitarbeiter. Dies bewirkt das Motto: Arbeit statt Chemie. Und das bedeutet doppelten Gewinn: für die Umwelt u n d für die Arbeit.

Die BUND-Vorsitzende Angelika Zahrnt sagte zu Umweltminister Gabriel: »Wenn die Bundesregierung zum ökologischen Innovationsmotor wird, werden im Jahr 2020 drei Millionen Menschen im Umweltschutz arbeiten.«

Der Minister zeigte sich aufgeschlossen und erwiderte: »Die vorgelegten Zahlen zeigen einmal mehr, dass es sich beim Umwelt- und Ressourcenschutz um Wachstumsmärkte mit enormen Potenzialen handelt.«

Deutschland sieht sich zwar gerne als Öko-Vorreiter, aber auch hierzulande geht vor allem durch den hohen Öl-, Kohle- und Benzinverbrauch die Umwelt- und Klimazerstörung weiter.

Die Devise für ein zukunftsfähiges und erneuerbares Deutschland könnte heißen:

– Ressourcen sparen,
– erneuerbare Energien nutzen,
– Arbeitsplätze schaffen.

Ein gutes Beispiel für erfolgreiches ökologisches Wirtschaften plus positiven Arbeitsplatzeffekt ist das deutsche Erneuerbare-Energien-Gesetz, das hierzulande bereits zu über 170 000 neuen Jobs führte. Ein solches Gesetz wurde inzwischen von über 30 Ländern übernommen, darunter auch China.

Prognosen besagen, dass weltweit bis 2020 über 250 Milliarden Euro in erneuerbare Energien investiert werden. Davon könnten die deutsche Wirtschaft und der deutsche Arbeitsmarkt wesentlich profitieren. Wenn die Bundesregierung – wie von Angela Merkel angekündigt – nach dem Erneuerbare-Energien-Gesetz ein Erneuerbare-Wärme-Gesetz einführt und das Potenzial an heimischer Energie bei der Erzeugung von Strom, Wärme und Fahrzeugsprit mehr ausschöpft, können allein im Energiesektor langfristig über eine Million neue Arbeitsplätze entstehen. Worauf warten wir eigentlich noch?

Erneuerbare Energien – wie Sonne, Wind, Wasserkraft und Biomasse – sind heimische Energien. Das heißt: Das Geld bleibt hier, die Arbeitsplätze entstehen hier und die hiesigen Regionen werden wirtschaftlich gestärkt. Das wäre die intelligenteste Antwort auf die Herausforderung der Globalisierung. Heute fließen jedes Jahr beinahe 100 Milliarden Euro an Energiekosten ins Ausland. Und ganz nebenbei kämen wir Angela Merkels Regierungsmotto »Mehr Freiheit wagen!« ein Stück näher.

Also: Bürger, zur Sonne, zur Freiheit!

Konkrete Beispiele für Millionen neuer zukunftssicherer Arbeitsplätze durch die Ökologisierung der Wirtschaft finden Sie auf den folgenden Seiten.

18. Vollbeschäftigung ist möglich

Ich möchte mit Ihnen, liebe Leser, einige Grundsatzfragen besprechen, die in deutschen Wahlkämpfen weitgehend ausgeklammert werden.

Ja, Vollbeschäftigung wird wieder möglich, wenn wir auch Arbeit besser teilen und eine neue Steuerpolitik lernen. Es ist unsinnig, wenn die Einen einen Herzinfarkt bekommen, weil sie zuviel arbeiten, und die Anderen psychisch krank werden, weil sie keinen Arbeitsplatz finden. Die **durchschnittliche** Wochenarbeitszeit sollte deshalb auf 32 Wochenstunden verringert werden. Dann wäre auch eine längere Lebensarbeitszeit bis 67 zu verantworten. Wer Vollbeschäftigung will, muss jedoch darüber hinaus neue Fragen stellen.

Erstens: Wollen wir ökologisch verträgliche Arbeitsplätze schaffen?

Zweitens: In welchen Zukunfts-Branchen könnten wirklich neue Arbeitsplätze entstehen? Und

Drittens: Was geschieht, wenn Arbeit billiger und Energie teurer wird?

Schon diese Fragen bedeuten einen Tabu-Bruch gegenüber der heutigen Politik. Nun aber zu den Antworten.

Ich schreibe diese Seiten in Japan während einer Vortragsreise. Hier gibt es etwas mehr als vier Prozent Arbeitslose, in Deutschland knapp 11 Prozent.

Der japanische Arbeitsmarkt ist entschieden flexibler als der deutsche. In Japan ist es keine Schande, einen Arbeitsplatz anzunehmen, der weniger Einkommen bringt als der vorherige. Hier gilt wie in den USA das Motto: besser einen schlecht bezahlten Arbeitsplatz als gar keinen. Eine ähnliche Arbeitsmentalität kennen auch die Skandinavier, die alle weit weniger Arbeitslose haben als Deutschland. Deutsche Bauern, die für Saisonarbeit wie Spargel stechen oder Traubenernte heimische Arbeitslose suchen, berichten mir seit Jahren von ihrer ergebnislosen Suche. In Deutschland ist die Stimmung über den Arbeitsmarkt noch schlechter als der Arbeitsmarkt selbst.

Montags kann man in der »Tagesschau« hören: Die Wirtschaft wächst. Dienstags verkündet die Regierung: Die Renten sind sicher. Mittwochs behauptet die Opposition das Gegenteil. Donnerstags sagt der Präsident der Bundesagentur für Arbeit: Das einzige, was zurzeit wächst, ist die Zahl der Arbeitslosen. Freitags steigen wieder einmal die Sozialabgaben. Samstags entdeckt der Finanzminister neue Milliardenlöcher, und sonntags sind sich in der Talkrunde alle einig, dass sie keine Patentrezepte haben. Was nun?

Neue Technologien – neue Arbeit

In meinem Buch »Das ökologische Wirtschaftswunder – Arbeit und Wohlstand für alle« habe ich zusammen mit Wissenschaftlern aufgezeigt, dass wir in Deutschland langfristig bis zu vier Millionen neue Arbeitsplätze schaffen können, wenn wir lernen, ökologisch zu wirtschaften.

Einige Beispiele, die in diesem Buch schon angedeutet wurden:

– Durch die solare Energiewende könnten in Deutschland mehr

als eine Million zukunftsfähige Arbeitsplätze entstehen, hat die Europäische Union in einem Energie-Szenario von fünf wissenschaftlichen Instituten errechnen lassen.

- Durch eine ökologische Verkehrswende, die diesen Namen wirklich verdient – das heißt etwa eine Vervierfachung des öffentlichen Verkehrs in den nächsten 20 Jahren – könnten eine weitere Million Arbeitsplätze geschaffen werden. Hauptsächlich im Baugewerbe und im Verkehrs-Service-Bereich. Die Autokonzerne könnten Schienen, Busse, Straßenbahnen, U- und S-Bahnen, Regionalverkehrssysteme und moderne Züge produzieren, hat Professor Heiner Monheim von der Universität Trier vorgeschlagen. Der Mann hat in mehreren Bundesländern über 25 Jahre Erfahrung als Verkehrsplaner und Berater von Regierungen.
- Wenn wir lernen, unsere Altbauten besser zu dämmen und weniger Energie zu verbrauchen, könnten nach einer Berechnung des Berliner Bauministeriums bis zu einer halben Million neue Arbeitsplätze geschaffen werden, wir hätten riesige Umweltvorteile und würden durch weniger Energieverbräuche viel Geld einsparen.
- Eine konsequente ökologische Agrarwende bis 2030 könnte zu 200 000 neuen Arbeitsplätzen in einer zukunftsfähigen Landwirtschaft führen. Landwirtschaft der Zukunft heißt: Weniger Chemie und Pestizide, aber mehr Handarbeit. Das wäre gut für die Umwelt und Wasserqualität, gut für unsere Gesundheit und hätte positive Auswirkungen auf den Arbeitsmarkt im ländlichen Raum.
- Professor Bernd Meyer hat an der Universität Osnabrück errechnet, dass durch eine ökologische Steuerreform (Lohnnebenkosten senken, Energiepreise erhöhen) über eineinhalb Millionen neue Arbeitsplätze in etwa 15 Jahren entstehen könnten. Schweden, Japan, Dänemark und zum Teil auch

England gehen diesen Weg. Sie haben alle weit weniger Arbeitslose als Deutschland.

Wie erfolgreich die Ökologisierung der Wirtschaft sein kann, zeigt schon der bisherige Weg der Bundesrepublik: 2006 arbeiten im Bereich der Umwelttechnologien bereits doppelt so viele Menschen wie bei der Produktion von Autos und weit mehr als im Maschinenbau oder in der herkömmlichen Bauwirtschaft. Die ersten Schritte zu einer Ökosteuer unter Rot-Grün haben bereits zu 250 000 Arbeitsplätzen geführt. Der Beweis, dass Umweltschutz kein Arbeitsplatz-Killer, sondern **der** Arbeitsplatz-Knüller des 21. Jahrhunderts sein wird, ist längst erbracht. Warum brauchen wir eine Öko- oder besser eine Energiesteuer? Die Energie hat uns in den letzten 150 Jahren viele Arbeitsplätze ersetzt. Energie wurde immer billiger – Arbeit immer teurer. Deshalb verbrauchen Unternehmen immer mehr Energie und entlassen Menschen. Die Lohnnebenkosten sind heute in Deutschland so hoch, dass es sich für Unternehmen nicht rechnet, neue Arbeitsplätze zu schaffen und Energie ist so billig, dass sie menschliche Arbeitskraft immer mehr ersetzt.

Die Revolution der Arbeit

Dieses System müssen wir wieder vermenschlichen: Arbeit muss billiger und Energie teurer werden. Dann – und nur dann – sind wir wieder auf dem Weg zur Vollbeschäftigung. Ein einfaches Beispiel: Wenn Sie mit einem Mittelklassewagen 100 Kilometer in einer Stunde fahren, zahlen Sie etwa 7 Euro für den Sprit. Wenn Sie aber Ihr Auto von vier Hilfsarbeitern 100 Kilometer schieben lassen und Sie fünf Tage unterwegs sind, zahlen Sie mindestens 700 Euro Lohnkosten. Natürlich zahlen Sie lieber 7 Euro für eine Stunde Fahrt als 700 Euro dafür, dass Sie fünf Tage geschoben werden. Das schlichte Beispiel zeigt: Energie ist billig – Arbeit zu teuer.

Die logische Folge: Wenn Energie Arbeitsplätze ersetzt, dann sind immer mehr Menschen ohne Arbeit. Und ähnlich verhält sich jeder Unternehmer – er kann gar nicht anders. Nur mit höheren Energiesteuern und weniger Arbeitskosten lässt sich dieses System wieder umkehren: in Richtung zu mehr Arbeitskräften und weniger Energieverbrauch. Das wäre gut für die Umwelt **und** würde viele neue Arbeitsplätze schaffen.

Natürlich soll und wird niemand sein Auto schieben lassen. Aber es kommt auf eine andere »Dosierung« der Steuerlast an. Höhere Energiepreise machen für jeden Unternehmer Arbeit wieder interessanter, wenn zugleich Lohnnebenkosten billiger werden. Und Deutschland hat mit die höchsten Lohnnebenkosten der Welt. Das ist ein wesentlicher Teil unseres Problems.

Der Staat bezieht 65 Prozent seines Einkommens über Arbeit – das muss zu Massenarbeitslosigkeit führen, weil die Arbeit zu teuer wird, aber er bezieht nur 5 Prozent seines Einkommens aus Energiesteuern.

Ein absolutes Missverhältnis – das zu Arbeitslosigkeit **und** Umweltzerstörung führen muss. Arbeits- und Energiesteuern müssen in eine neue Balance.

Die heutige Steuerpolitik führt zu einer massenhaften Vertreibung der Menschen aus Arbeitsplätzen. Mit dem heutigen Steuersystem bekommen wir schon mittelfristig eher 10 Millionen Arbeitslose als je wieder Vollbeschäftigung. Jetzt können Sie die obige Rechnung von Professor Bernd Meyer vielleicht besser verstehen: Wenn über eine Energiesteuer Energie teurer wird, können die Lohnnebenkosten gesenkt und 1,5 Millionen Arbeitsplätze geschaffen werden.

Also: Umsteuern durch Energiesteuern ist das Gebot der Stunde und die Chance in der Krise. Dieses Umsteuern bringt Millionen neue Jobs und ist ein Segen für die Umwelt, weil teure Energie zu einem intelligenten Umgang mit Energie führt. Unternehmer werden dann Kilowattstunden entlassen, aber nicht mehr Menschen.

19. Unser kläglich Brot

Was bringt den Doktor um sein Brot?
a – die Gesundheit b – der Tod
So hält er uns, auf dass er lebe,
zwischen beiden in der Schwebe.

Eugen Roths Ärztelästerung gilt auch für die heutigen Mediziner: Sie wissen von vielem etwas, aber fast nichts über das Wichtigste für unsere Gesundheit, nämlich über gutes und richtiges Essen für ein lustvolles und langes Leben. Unsere Tochter Christiane hatte als 14-Jährige einen Reitunfall und lag drei Wochen mit gebrochenem Bein in einer Baden-Badener Klinik. Die Klinik war immerhin so modern, dass ich abends mit Christiane essen und bei ihr übernachten durfte. Das Essen war freilich so fürchterlich schlecht, dass ich dem Chefarzt sagte: »Jetzt weiß ich endlich, warum ein Krankenhaus in Deutschland Krankenhaus heißt. Weil man hier vom Essen krank wird.« »Aber, Herr Alt«, wehrte der Chefarzt der renommierten Klinik im noblen Baden-Baden meine Beschwerde ab: »Was hat denn Essen mit Gesundheit zu tun?«

Meine spätere Recherche ergab, dass in der Ärzteausbildung in Deutschland und Europa der Zusammenhang zwischen gesundem Essen und Gesundheit so gut wie nicht gesehen und nicht gelehrt wird. Deshalb konnte sich unsere Landwirtschaft zu einer Chemie-Landwirtschaft entwickeln, und deshalb konnte die frühere **Lebens**-Mittel-Produktion zu einer **Nahrungs**-Mittel-Produktion verkommen, deren Produkte zwar satt machen, aber immer weniger Mittel zum Leben sind. Lebendiges ist kaum noch in ihnen enthalten. »Masse statt Klasse« und »Hauptsache satt« und »Hauptsache billig«, heißt das Motto der Nahrungsmittelproduktion. Hauptsächlich deshalb steigen die sogenannten Gesundheitskosten, die eigentlich Krankheitskosten sind, ins Unermessliche und ins Unbezahlbare. Jede neue Gesundheitsministerin weiß davon ein Lied zu singen.

Vergessen wurde die Grunderkenntnis jeder Biologie: nur Leben kann Leben weitergeben. Der Begründer der traditionellen ayurvedischen Medizin in Indien, Caraka Samhirta, hat vor 2100 Jahren gelehrt:

> **Allein durch gute Nahrung gedeiht der Mensch, schlechte Nahrung hingegen ruft Krankheit hervor.**

Voraussetzung für die Gesundheit aller Lebewesen sind gesunde Böden, gute Luft und sauberes Wasser. Der griechische Arzt Hippokrates schrieb schon 400 Jahre vor Samhirta:

> **Eure Lebensmittel sollen Eure Heilmittel sein und Eure Heilmittel sollen Eure Lebensmittel sein.**

Wir müssen zurzeit in Deutschland jedes Jahr 75 Milliarden Euro für Gesundheits-Reparatur-Kosten wegen falscher Ernährung ausgeben. Das heißt: wir essen uns krank.

Die Qualität unserer weitgehend in Agrarfabriken erzeugten heutigen Nahrungsmittel kann der Münchner Metzgermeister Karl Ludwig Schweisfurth sehr gut beurteilen. Früher war er Chef der größten Metzgerei Europas mit 5000 Mitarbeitern. Heute ist Schweisfurth einer der Pioniere des ökologischen Landbaus. In seiner Biografie »Wenn's um die Wurst geht« schreibt der Bekehrte: »Ich habe seit den fünfziger Jahren miterlebt, wie wir im Glauben an den Fortschritt immer mehr Technik und Chemie einsetzten, um die Lebens-Mittel ›sicherer‹ und haltbarer zu machen, immer schöner anzuschauen und immer billiger. Sie sind in der Tat heute sicherer, was Lebensmittelvergiftungen und Übertragung von Krankheiten betrifft, sie sind länger haltbar durch Hygiene, Kühlung und Verpackung und können so kreuz und quer durch die Welt transportiert und noch in den Regalen des Handels gelagert werden. Sie werden immer schöner verpackt, und sie schmecken auch ganz gut dank all der naturidentischen Aromen und Geschmacksverstärker.

Aber wo ist denn das Leben in den Lebens-Mitteln geblieben? Es ist durch all das Erhitzen, Hocherhitzen, Ultrahocherhitzen, durch Raffinieren, Härten, Bleichen, durch all die vielen chemischen Substanzen, die Hilfs- und Zusatzstoffe – alles in Übereinstimmung mit den Gesetzen – langsam, unmerklich und leise, wie auf Katzenpfoten aus unseren Lebens-Mitteln verschwunden. Wir haben heute überwiegend tote Nahrungsmittel vor uns auf den Tellern.«

Lebensmittel: Mittel zum Leben

Lebensmittel heißen doch so, weil sie Mittel zum Leben, also lebensfördernd sein sollen. Aber die Lebensmittelskandale der letzten Jahre – BSE-Rindfleisch-, Schweinemastskandal, Dioxin-Hühner – haben viele frühere Gewissheiten in die Gesundheit unserer Lebensmittel erschüttert. Auf dem Höhepunkt der BSE-Krise musste sogar Bundeskanzler Schröder »Schluss mit den Agrarfabriken« fordern.

Rund die Hälfte der Deutschen hat Übergewicht – sogar schon jedes dritte siebenjährige Kind. Das Deutsche Institut für Ernährungsmedizin und Diätetik in Berlin sagt voraus, dass falsche Ernährung in Zukunft verstärkt tödliche Krankheiten verursachen wird: »Zurzeit sind 64 Prozent der Todesfälle in

Deutschland direkt oder indirekt auf Krankheiten zurückzuführen, die durch falsche Ernährung bedingt sind.« Die häufigsten Folgen falscher Ernährung seien Herz-Kreislauf-Erkrankungen (39,4 Prozent), gefolgt von Karies (24,2 Prozent). Übergewicht, stellte Renate Künast fest, habe sich zur Volksseuche entwickelt. Eine der Hauptursachen der falschen Ernährung und ihrer erschreckenden Folgen ist die Liebe zu Fastfood. Wir essen zu viel, zu schnell, zu fett und zu süß. Renate Künast, die erste deutsche Bundesministerin für Verbraucherschutz, Ernährung und Landwirtschaft forderte kühn: »Klasse statt Masse«. Aber Nachfolger Horst Seehofer hat dieses sinnvolle politische Ziel schon wieder aufgegeben.

Was wir heute essen, hat Auswirkungen auf unsere Gesundheit noch in 30 Jahren, sagte der Arzt und Vater der deutschen »Ernährungsberater« Dr. Max Otto Bruker. Mit seiner fast 50-jährigen Erfahrung als Chefarzt mehrerer Krankenhäuser war Bruker davon überzeugt, dass die ihrer Vitalität beraubte Ernährung fast alle Zivilisationskrankheiten bedingt oder mitverursacht, hauptsächlich Krebs, Herz- und Kreislauferkrankungen sowie Rheuma. Dr. Bruker – er starb im Januar 2001 – sagte am Ende seines langen Lebens:

»Es ist ein tragisches Kapitel menschlicher Geschichte, dass der Mensch sich so weit hat beeinflussen lassen, dass er der Nahrung umso mehr traut, je unnatürlicher und künstlicher sie ist – und dass er sich das Misstrauen zu allen Lebensmitteln, wie sie die Natur uns beschert, so fest hat einpflanzen lassen, dass er eher zugrunde geht, als diese Haltung aufzugeben. Dass er dieses Misstrauen zur Schöpfung selbst nicht als Unrecht und widersinnig empfindet, ist ein Zeichen dafür, wie weit er sich durch ständige Fehlinformationen seinen Instinkt hat nehmen lassen.«

Kaum etwas verändern wir so langsam wie unsere Essensgewohnheiten. Aber langsam und sicher verändern Essensgewohnheiten uns.

Feinkostladen Österreich

Die McDonald's-Kultur unserer Zeit präpariert eine gesundheitliche und finanzielle Zeitbombe: Was wir damit der heutigen jungen Generation durch Verabreichen von toter Nahrung antun, ist gesundheitlich nicht zu verantworten und die Krankheitskosten dafür werden schon in wenigen Jahrzehnten nicht mehr zu bezahlen sein.

Ein positives Beispiel: Früher galt das »Waldviertel« als das Armenhaus Österreichs. Doch das hat sich gründlich geändert, obwohl hier noch 25 Prozent der Bevölkerung in der Land- und Forstwirtschaft beschäftigt sind. Fast alle wirtschaften ökologisch. Eine geglückte Verbindung von nahezu 100 Prozent ökologischem Landbau, sozialverträglichem Tourismus, unzerstörter Natur, gesunder Küche und dem Bekenntnis zur eigenen kulturell-religiösen Tradition hat das »Waldviertel« inzwischen zu einem touristischen Geheimtipp, zur europäischen Musterregion und zu einem Prototyp für ein ländliches ökologisches Wirtschaftswunder werden lassen.

Das »Waldviertel« in Österreich ist die erste komplette Öko-Region Europas – die Umstellung der gesamten Region auf »Bio« hat ökonomische, ökologische und soziale Vorteile gebracht. Voraussetzung für diese Entwicklung war freilich, dass sich schon 1992 bei Umfragen über 90 Prozent der österreichischen Bevölkerung für eine Ökologisierung der Landwirtschaft ausgesprochen haben. Im »Waldviertel« ist bewiesen, dass auch Menschen wollen, was Tiere längst bevorzugen: ökologisch erzeugte Lebensmittel.

Wissenschaftler haben schon lange herausgefunden, dass Tiere bei freier Wahl Biofutter bevorzugen. Ein Biobauer erzählte mir folgende Geschichte: Er verkauft seine Biolebensmittel in seinem Hofladen. Eines Tages kommt eine Frau zu ihm und verlangt Bio-Möhren. Er sieht aber, dass sie in ihrer Aldi-Tasche schon herkömmlich angebaute Möhren hatte. Neugierig geworden, fragt er: »Warum wollen Sie denn meine teuren Biomöhren – Sie haben doch in ihrer Tasche schon billige Aldi-Möhren?« Die Kundin sagte: »Wissen Sie, wir haben einen Hasen zu Hause und der frisst nur Biomöhren. Meine Familie bekommt die Aldi-Möhren.«

Was lehrt uns diese Geschichte? Hasen würden Bio kaufen!

Wie aber könnte – trotz Seehofer – die Agrarwende konkret und praktisch realisiert werden?

20. Agrarwende jetzt – gesunde Lebensmittel für Alle

Eine wissenschaftliche Studie in Belgien belegt, dass etwa 10 Prozent aller Krebsarten durch Pestizide in der Landwirtschaft verursacht werden. Landwirte und Winzer haben weit überdurchschnittlich Nervenleiden, Hautkrankheiten, Atembeschwerden und Hirnschäden. Sie schädigen sich selbst durch das Spritzen von Chemikalien, Pestiziden und Herbiziden.

Drei Doktorarbeiten über die Gesundheit von Hasen beweisen den qualitativen Unterschied zwischen ökologischem und konventionellem Tierfutter. In der ersten Hasengeneration gab es keine erkennbaren gesundheitlichen Unterschiede zwischen Hasen, die Ökofutter und denen, die herkömmlich erzeugtes Futter gefressen hatten. Aber schon in der zweiten Hasengeneration hatten die herkömmlich gefütterten Tiere starke Zahn- und Gelenkkrankheiten gegenüber den Bio-Hasen. Und in der dritten Generation litten die mit konventionellem Futter versorgten Tiere sehr stark unter Unfruchtbarkeit. Nicht aber diejenigen Hasen, die über drei Generationen biologisch ernährt wurden. Auch beim Menschen zeigen sich die gesundheitlichen Schäden durch falsche Ernährung oft erst nach Jahrzehnten. Das Verbraucherministerium in Berlin geht davon aus, dass wir in Deutschland jedes Jahr 75 Milliarden Euro an Gesundheitskosten wegen falscher Ernährung aufwenden müssen.

Die wesentlichen Kritikpunkte an der heutigen Chemie-Landwirtschaft:

- Massentierhaltung ist ökonomisch sehr effektiv, aber ökologisch schädlich und ethisch nicht zu verantworten. Tiere sind keine Maschinen.
- Die Vereinten Nationen schätzen, dass die Landwirtschaft weltweit zu 15 Prozent für den Treibhauseffekt verantwortlich ist.
- Die Böden werden durch zu viel Chemie geschädigt und veröden häufig.
- Schadstoffe sickern in den Boden und zerstören dort das Leben.
- Unsere Kulturlandschaften werden monotoner. Viele Tier- und Pflanzenarten finden in diesen Agrarwüsten keinen Platz mehr und verschwinden für immer.
- Dünger und Pflanzenschutzmittel vergiften das Wasser. Flüsse und Seen kippen um. Die Flüsse transportieren Nitrate und Pestizide ins Meer.
- Das Grundwasser, unser wertvollstes Lebensmittel, ist gefährdet. 116 000 verschiedene Chemikalien werden zurzeit eingeleitet.
- Die Trinkwasseraufbereitung wird immer aufwendiger. 1870 wurde das Wasser in Deutschland einmal gefiltert. 1955 musste es bereits 3-mal chemisch aufbereitet werden, um wieder trinkbar zu sein. Heute 8-mal!

Sind Bauern also ein verantwortungsloser Haufen von Umweltsündern? Die meisten Bauern haben von dieser Entwicklung nicht profitiert.

- Fest steht: sie stehen unter Zugzwang.
- Seit 1950 haben über 1,1 Millionen Höfe in Deutschland aufgegeben;

– Vier Millionen Menschen waren 1950 noch in der deutschen Landwirtschaft beschäftigt – heute noch 550 000. Jährlich machen ca. 15 000 Höfe dicht!

Profitiert haben
– die Großbauern, die immer größer wurden;
– die chemische Industrie – in den letzten 40 Jahren stieg der Verbrauch an Chemie und Kunstdünger auf unseren Äckern um das fünffache;
– die Lebensmittelindustrie, die Bauern immer mehr zu Zulieferern degradiert und
– seit neuestem die Gentechnikindustrie, die nach dem Motto arbeitet: schöner, glänzender, größer, länger haltbar.

Die Art und Weise, wie Politik und Gesellschaft heute mit Bauern umgehen, ist eine Kulturschande. Landwirte üben schließlich den Ur-Beruf einer jeden Gesellschaft aus. Sie produzieren für uns alle **Lebens**-Mittel, also Mittel zum Leben.

Welche Wege aus der Landwirtschaftkrise gibt es? Die meisten Landwirte haben nicht vergessen, dass sie die geborenen Naturschützer sind oder sein sollten. Aber sie werden durch eine fatale Politik von der Agrarchemie abhängig gemacht.

Ich habe Bauern erlebt, die über ihre landwirtschaftlichen Methoden beinahe verzweifelten. Einige – in England zum Beispiel – haben während der BSE-Krise Selbstmord begangen, aber andere folgten ihrem Gewissen und haben sich auf alte Tugenden im Umgang mit der Natur besonnen und sind Ökobauern geworden.

Häufig war ich bei Ökobauern und bei ihren Verbänden eingeladen und habe ihre Erfolge und ihre neue Freude an ihrer Arbeit erlebt. Sie haben sich auf eigene Kraft und Unabhängigkeit besonnen und verließen die Pfade der Chemie-Landwirtschaft. Aus Land-Wirten wurden wieder Lebens-Wirte. Glückliche Bäuerinnen und Bauern. Sie wollten nicht mehr die Letzten von gestern, sondern die Ersten von morgen sein.

»Mensch, werde wesentlich« hat Friedrich Nietzsche gefordert. Auf eine neue, positive Landwirtschaftspolitik übertragen, heißt diese Forderung:

Landwirt, werde wesentlich – werde wieder ein Wirt des Landes
und ein Wirt des Lebens und ein Wirt der Lebensenergie.

Öko-Lebensmittel seien zu teuer, höre ich oft. Doch nichts ist in Wirklichkeit so teuer wie billige Lebensmittel, die uns krank machen. Die industrialisierte Landwirtschaft produziert Skandale am laufenden Band: Gift im Trinkwasser, Fischsterben, Schadstoffe in der Nahrung, Rinderwahn, Schweinepest. Die Kosten für die Gesundheit trägt weitgehend die Allgemeinheit. Billige Nahrungsmittel kommen sehr teuer! Es ist preiswerter und bringt mehr Lebensqualität, wenn ich mich gesund ernähre und dadurch Arztkosten spare.

Vor 40 Jahren gaben die Deutschen etwa 40 Prozent ihres Einkommens für Lebensmittel aus – heute noch 11 Prozent. Ein Auto kostet pro Monat mehr Geld als unsere Lebensmittel. Wenn wir jedoch nach dem Motto: »Klasse statt Masse« etwas teurere Biolebensmittel kaufen würden, könnten wir uns viele Krankheitskosten ersparen. Öko ist letztendlich immer preiswerter.

Die fünf Gebote des ökologisch-biologischen Landbaus:
- Ökobauern arbeiten nicht mit Kunstdünger und chemischen Pflanzenbehandlungsmitteln, verwenden keine Chemie zum

Nachreifen ihrer Produkte und keine Hormone für Pflanzen und Tiere.
- Artgerechte Tierhaltung bedeutet viele Bewegungsmöglichkeiten für die Tiere. Sie werden mit Produkten vom eigenen Hof gefüttert. Kranke Tiere erhalten Naturheilmittel.
- Ökologische Landwirtschaft beachtet die naturgesetzlichen Kreisläufe zwischen Boden, Wasser, Luft, Pflanze, Tier und Mensch. Ökologisch-biologische Landwirtschaft denkt und arbeitet ganzheitlich.
- Die Bodenlebewesen werden durch achtsame Bodenbearbeitung gut gepflegt und ernährt. Das heißt: organisch düngen und Stallmist verwenden. Gründüngung fördert bodenbiologische Prozesse. So wachsen die Pflanzen gesund und harmonisch.
- Ökobauern machen die Kulturlandschaft durch Hecken, Teiche und Obstanlagen attraktiver. So entstehen auch Nist- und Unterschlupfplätze für Vögel, Insekten und andere Nützlinge.

Diese fünf Gebote zeigen, dass durch zeitgemäßes Wirtschaften der Biolandwirt ein Kulturwirt ist. Er hat einen der umfassendsten und vielseitigsten und wichtigsten Berufe der Welt. Dieser Beruf ist eine Be-rufung.

Gesunde Böden – gesunde Tiere – gesunde Menschen

Den heutigen Weltkrieg gegen die Natur werden wir nur beenden können durch praktische Friedensarbeit, das heißt durch
- Frieden mit dem Boden,
- Frieden mit dem Wasser,
- Frieden mit der Luft,

– Frieden mit den Tieren und
– Frieden mit den Pflanzen.

Die wunderschöne Insel Mainau zum Beispiel war vor wenigen Jahren noch eine penetrante Pestizid-Insel. Heute gilt die Mainau als landwirtschaftliche Perle des Bodensees und als ein Vorbild für ökologischen Landbau, an dem sich jährlich 1,3 Millionen Touristen erfreuen. Sie erleben eine Verbindung von naturfreundlicher Landwirtschaft mit einer Holzhackschnitzelanlage, die Öko-Energie gewinnt, einem Energie-Pavillon mit Informationen zur solaren Energiewende und einem beispielhaften Palmenhaus mit wechselnden Blumenausstellungen bei mediterranem Flair. Ein Paradies für Menschen, Tiere und Pflanzen.

Auf der Nachbarinsel Reichenau lernte ich einen Bauern kennen, der auch ein kleines Feld Gemüse ökologisch anbaut, aber auf seinen großen Gemüsefeldern noch kräftig Gift spritzt. Das Gemüse der Insel Reichenau ist weitgehend bekannt bis hin zu den großen Märkten in München. »Warum bauen Sie nur auf einem kleinen Feld Ökogemüse?«, frage ich diesen Bauern. Etwas verlegen gesteht er: »Das Öko-Gemüse essen wir in unserer Familie selbst. Das Pestizid-Gemüse verkaufen wir auf den Märkten.«

Wer sich gesund ernährt, gewinnt mehr Gesundheit und eine bessere Lebensqualität. Der Zusammenhang von gesunden Böden, gesunden Tieren, gesunden Lebensmitteln und gesunden Menschen wurde durch die BSE-Krise wieder deutlich. Daraus ergibt sich: Die Agrarwende ist mehr als eine Berufswende für die Bauern. Sie ist Gesundheitspolitik und betrifft **alle.**

Unsere Nachbarn in der Schweiz, in Österreich und Italien sind Vorbilder im ökologischen Landbau: Österreich hat 2006 bereits 12 Prozent Ökobauern, die Schweiz 10 Prozent, Italien acht Prozent, aber Deutschland erst 4,5 Prozent.

Der Biobauer Josef Braun aus Freising bewirtschaftet 44 Hektar Land. Seit seiner Umstellung (»Auch ich hatte Angst davor.«) hat er die Lebensleistung seines Betriebes, also die Gesundheit seiner Tiere und die Fruchtbarkeit seiner Böden, wesentlich erhöht. Josef Braun heute: »Als herkömmlicher Bauer habe ich viel mögliche Ernte einfach verschenkt. Als Biobauer konnte ich meine Erträge verbessern und steigern.« Und nachdenklich fügt er hinzu: »Wissende Bauern werden Biobauern.«

21. Tiere sind keine Maschinen

In unserer Zeit verspeist ein deutscher Mensch im Laufe seines Lebens durchschnittlich 22 Schweine, sieben Rinder, 20 Schafe, 600 Hühner sowie zusätzlich Wildtiere, See- und Meeresfische.

Der Fleischhunger des Menschen scheint so unersättlich wie seine Respektlosigkeit gegenüber dem Tier grenzenlos ist. Die meisten Tiere, die wir uns einverleiben, werden heute künstlich erzeugt, maschinell gemästet und am Fließband geschlachtet – genau so, wie es Reinhard Mey in seinem Lied »Die Würde des Schweins ist unantastbar« besungen hat. »Artgerechte« Tierhaltung ist zwar gesetzlich vorgeschrieben, doch hunderte Millionen Tiere werden auch in Deutschland geboren, gefoltert und getötet für »ökonomische Sachzwänge«. Die meisten Hühner und Schweine kennen nur diesen Lebensrhythmus: aufstehen, fressen, hinlegen, aufstehen … sterben.

Was aber ist, wenn der Mensch tatsächlich ist, was er isst? Nur die vier Prozent Biobauern, die es heute in Deutschland gibt, haben sich zu artgerechter Tierhaltung verpflichtet. Für die Tiere heißt das: Stroh statt Spaltböden aus Beton, Tageslicht statt künstlicher Beleuchtung, im Stall Bewegungen und Auslauf statt lebenslanger Isolation oder Käfighaltung, langsame Mast statt Hormone und Antibiotika, Verzicht auf Tier- und Knochenmehl sowie weitgehend auf Importfutter, schonende Transporte ins nächste Schlachthaus statt tierquälerischer Fahrten durch halb Europa oder nach Nordafrika zum einzigen Zweck des billigeren Geschlachtetwerdens.

An deutschen Hochschulen gehören neben Insekten, Krebsen und Ratten auch Tauben, Kaninchen, Hunde und sogar Pferde noch immer zu den Versuchstieren. Frösche sind trotz jahrelanger Proteste und gerichtlicher Auseinandersetzungen als Demonstrationsobjekte in Biologie- und Medizinpraktika weiterhin beliebt. Lebenden, nicht betäubten Fröschen wird der Kopf abgeschnitten und das Rückenmark aufgebohrt, um das Funktionieren des zentralen Nervensystems zu zeigen. Nach dem Versuch landen die zerstümmelten Tiere im Mülleimer. Auch ansonsten aufgeklärte Menschen geben sich dabei ganz abgeklärt: Die Wissenschaft brauche solche Versuche, heißt es. Tierliebe sei sentimental und kitschig.

Diese entsetzliche Tierquälerei ist nicht nur unverantwortlich; es ist erwiesen, dass sie auch unnötig ist. Der Dachverband der Europäischen Wissenschaftsgesellschaften hat sich soeben erst eindeutig für die Förderung und Anwendung von Alternativen zum Tierversuch ausgesprochen. Mit Hilfe von interaktiven Computerprogrammen könnten die bisherigen Tierversuche ersetzt werden. Dass alternative Methoden ausreichen, beweist zum Beispiel die Philipps-Universität in Marburg seit Jahren.

Jedes zweite Küken landet bei der fabrikmäßigen Kükenproduktion auf dem Müll, weil es das falsche Geschlecht hat. Wir mästen Truthähne bis zum Unfallen und stopfen Hähnchen in 30 Tagen bis zur »Schlachtreife« voll. Den Hühnern in Käfigen gestatten wir nicht einmal das Flügelschlagen! Die eigentliche Misere der europäischen Landwirtschaft ist nicht der »Rinderwahn«, sondern der alltägliche Menschenwahn, der zur Massentierhaltung, zu Futterimport aus armen Dritt-Welt-Ländern, zu Überschussproduktion, zu grauenhafter Tierquälerei, zu Schweinepest und schließlich BSE führte. Hauptsache satt – Hauptsache billig! Wegen der Vogelgrippe hat man 2006 bisher Tausende Tiere »gekeult«. Menschen würden geimpft werden und »gekeult« schon gar nicht.

Dazu meinte schon der griechische Philosoph und Mathematiker Pythagoras vor 2500 Jahren: »Alles, was ihr Tieren antut, werdet ihr eines Tages bezahlen.«

Haben Tiere eine Seele?

Vegetarisch lebenden Tieren Tierabfälle zu füttern ist praktizierter Kannibalismus. Und dieser Kannibalismus ist wahrscheinlich die Ursache von BSE. Diesen Skandal nennt der britische Theologe Andrew Linzey »eines der wichtigsten moralischen Probleme aller Zeiten«. Und er macht die Kirche des Abendlandes entscheidend mitverantwortlich dafür, »dass wir Millionen Tieren Schmerz, Leid und Tod zufügen«. Im Gegensatz zum buddhistischen Kulturkreis ist Tierethik heute **der** blinde Fleck in der abendländischen Theologie- und Philosophiegeschichte. »Du sollst nicht töten« heißt das Credo aller Religionen. Wo steht, dass das nicht auch gegenüber Tieren gilt? Oder: »Was ihr dem geringsten meiner Geschwister tut, das tut ihr mir?« (Jesus) Wo steht, dass Tiere ausgeschlossen sind? Sie sind die Schwächsten und die Geringsten!

In unserer Geschichte ist das Verhältnis Religion – Tier immer ein Verhältnis praktizierter Gewalt gewesen. »Tiere haben keine Seele«, »Tiere sind Sachen«, »Der Mensch im Mittelpunkt« – so lautet das Credo einer 2000 Jahre alten christlichen Theologie. Der bis heute tonangebende mittelalterliche, vom »ewigen Leben« für sich selbst natürlich überzeugte Theologe Thomas von Aquin formulierte es so: »Die Seele des Tieres ist nicht teilhaftig eines ewigen Seins.« Die logische Konsequenz für heute: erst das Schnitzel, dann die Moral! Deshalb gelten Tiere bei uns auch als Sperrmüll. Die Seele des Menschen verroht, wenn er die Seele der Tiere leugnet. Alles, was wächst, ist beseelt – wie sollte es sonst wachsen? Das gilt für jedes Tier und jede Pflanze.

Massentierhaltung ist Sünde

Wenn ich sehe, wie ein Wurm am Haken eines Anglers sich windet, dann kann mir niemand einreden, dass dieser Wurm keine Schmerzen empfindet. Im Jahr 2000 ließ eine norddeutsche protestantische Bischöfin in einem Brief folgendes schreiben: »Die Bischöfin überlegt derzeit, ob man Tieren eine Seele zusprechen könne und ob dies im Einklang mit der christlichen Theologie stehe.« Wer in Kontakt zu Tieren steht, braucht keine bischöfliche Antwort.

Die Bischöfin würde auch auf jeder Kuhalm eine Antwort finden. Dort könnte sie beobachten, dass Kühe Freundschaften schließen, dass sie trauern und weinen, aber auch ihr Bedürfnis nach Zuneigung, Nähe und Körperkontakt befriedigen – ähnlich wie Menschen. Und jede Almbäuerin könnte die Bischöfin darüber aufklären, dass Kühe nicht träge und blöd sind, es aber werden, wenn wir dumm mit ihnen umgehen. Die Kirche trat offiziell nie für die Rechte von Tieren ein. Und der »Tier-Heilige« Franziskus ist nur die berühmte Ausnahme von dieser Regel. Religiös gesprochen ist Massentierhaltung Sünde.

Täglich rotten wir zurzeit bis zu 150 Tier- und Pflanzenarten aus. Unwiederbringlich. Es gibt auch heute noch keine einzige römisch-katholische Autorität, die sich im katholischen Spanien gegen Stierkämpfe ausspricht. In Kanada unterstützen angloamerikanische und katholische Bischöfe die Jagd auf Seehunde und den unsäglich quälerischen Pelztierfang. In England hat die christliche Staatskirche nichts gegen so genannten Jagdsport auf kircheneigenem Land einzuwenden. Papst Pius IX. hat die Eröffnung eines Tierschutzheimes in Rom noch mit der Begründung boykottiert, Menschen hätten keinerlei Pflichten gegenüber Tieren. Der Mann hat offensichtlich die falsche Bibel oder die Bibel falsch gelesen. Es hätte ihm sonst zum Beispiel das Jesus-Wort vom guten Hirten und den Schafen auffallen können oder auch sein Hinweis: »Seid klug wie die Schlangen und ohne Falsch wie die Tauben.«

Zur Frage, ob Tiere eine Seele haben, schreibt der »Spiegel«: »Vor allem in den letzten Jahren gelangen Verwaltungsforschern erstaunliche Entdeckungen, die das Bild von seelenlosen und strohdummen Biomaschinen fast völlig zum Einsturz gebracht haben: Ratten lernen, vergiftete Köder zu erkennen, und geben dieses Wissen sogar an nachfolgende Generationen weiter; Elefanten scheinen tatsächlich um ihre Artgenossen zu trauern; Rhesusaffen bestehen Mathematiktests – Tiere, vor allem Primaten, verfügen offenbar über Fähigkeiten, die ihnen bis vor kurzem noch kaum jemand zugetraut hätte.«

Graugänse trauern jahrelang, wenn sie ihren Lebenspartner verloren haben; Seelöwinnen heulen schrecklich, wenn ihr Baby geraubt wurde. Und Affenmütter suchen tagelang nach ihren Jungen, wenn sich diese verirrt haben. Elefanten können sogar weinen und pflegen ihre verwundeten Verwandten. Zoologen können wunderschöne Liebesgeschichten von Tieren erzählen. Der Naturfilmer Dietmar Keil hatte Murmeltiere beobachtet, die sich vor Lebenslust kugelten – stundenlang.

Der neuseeländische Biologe David Penny sagt: »Es gibt sehr viele Hinweise darauf, dass Menschenaffen mindestens so intelligent sind wie 4-jährige Kinder.« Wenn Tiere reden könnten, würde uns vermutlich schnell klar: durch Misshandlungen verletzen wir nicht nur die Würde der Tiere, sondern unsere eigene. Menschenwürde bedeutet in der Geschichte des abendländischen Denkens auch, dass wir für die Würde der ganzen Schöpfung mitverantwortlich sind. Im Markus-Evangelium sagt Jesus zu seinen Freunden: »Gehet in alle Welt und predigt das Evangelium **aller** Kreatur.«

Wir werden Tiere um Verzeihung bitten

Der Heilige Franziskus hat diesen Hinweis ganz wörtlich genommen. Und warum sollte der Vorschlag »Liebe deinen Nächsten wie dich selbst« nicht auch gegenüber Tieren gelten? Mit dem Humanitätsideal Goethes ist die heutige Tierquälerei ebenfalls nicht vereinbar. Der Theologe Guido Knörzer schreibt: »Jedes Stück Fleisch, das wir heute weniger essen, ist ein Stück Weg zu Gott.« Die Zoologin Joyce Poole studiert in Kenia seit 25 Jahren das Verhalten von Elefanten. Die Dickhäuter, sagt sie, haben Gefühl wie »Freude, Glück, Liebe, Freundschaft, Überschwang, Leidenschaft und Achtung.«

Der Dalai Lama sieht die Tauglichkeit und Authentizität jeder Religion darin, dass sie uns hilft bei der Verwirklichung von Herzensgüte, Achtsamkeit, Toleranz, Mitgefühl und Frieden. Diese universalen Tugenden werden zwischen Menschen eine um so größere Bedeutung bekommen, wie wir sie auch im Umgang mit Tieren beachten. Wahrscheinlich geht es vor allem darum, das Tier **in** uns selbst zu besiegen – aber nicht durch Töten, sondern durch Transformation. Damit wir den Ehrennamen Mensch verdienen.

Die Würde des Menschen ist unantastbar, heißt es im Grundgesetz. Und die Würde der Tiere? Wahrscheinlich hängt unser eigenes Überleben von der Antwort auf diese Frage ab. Wir können nur ernten, was wir säen. Ich kann mir vorstellen, dass wir eines Tages niederknien und die Tiere um Verzeihung bitten müssen.

Alles, was wir Tieren antun, kommt auf uns zurück. Das ist ein geistiges Gesetz. Tierschutz ist immer auch Menschenschutz! Von der Würde des Menschen können wir erst sprechen, wenn wir gelernt haben, die Würde der Tiere zu respektieren. Der Tag wird kommen, an dem im Grundgesetz der Bundesrepublik Deutschland nicht nur die Würde des Menschen, sondern auch die Würde der Tiere geschützt wird.

22. Faktor Vier, Faktor Zehn, Faktor Tausend

Das Haus der Zukunft verbraucht kaum Energie,
ist naturnah, biologisch nachhaltig, und unabhängig
vom Ölpreis. Und das schönste: es existiert bereits.
Den Beweis findet man im südlichen Niederösterreich.

Roland Meingast kann der kommenden Heizsaison gelassen entgegenblicken. Während viele Eigenheimbesitzer unter den immer horrender werdenden Heizkosten-Rechnungen stöhnen, kann sich der Unternehmer aus Tattendorf bei Baden beruhigt zurücklehnen. Sein Firmensitz ist nämlich eines der Vorzeigeobjekte einer neuen Generation von Haus. Bei der Errichtung wurde auf eine optimale Mischung aus Tradition und High-Tech gebaut: Die Kombination aus Lehm – einem der ältesten Baustoffe der Welt – und modernster Wärmetausch-Technik macht die Heizung überflüssig. Das moderne Haus verbraucht noch ein Zwanzigstel der Energie eines herkömmlichen Hauses. Faktor Zwanzig: In Zeiten steigender Energiepreise ein Riesenvorteil.

Für kühle Rechner: Die neue Bauweise bringt es auf einen jährlichen Heizkostenaufwand von 12 Kilowattstunden pro Quadratmeter. Im konkreten Fall verbraucht der gesamte Gebäudekomplex mit insgesamt 315 Quadratmetern Energie im Gegenwert von etwa 350 Litern Heizöl pro Jahr. Dieser Wert wäre sogar für ein Einfamilienhaus in Normalgröße sensationell.

Und tatsächlich zeigt ein Vergleich mit einem konventionellen Haus den drastischen Unterschied: Von etwa 30 Millionen Haushalten in Deutschland heizen derzeit die meisten mit Heizöl. Gerade sie traf der letzte Winter besonders hart: Der fossile Brennstoff ist um 40 Prozent teurer als noch im Jahr zuvor. Bei einem durchschnittlichen Verbrauch von 2400 Litern im Jahr sind das 480 Euro Mehrausgaben. Und die Preisspirale dreht sich immer schneller: Schon 2004 lag der Preis für einen Liter Heizöl um 30 Prozent über dem Wert des Vorjahres. Wer intelligent baut, den lassen solche enormen Kosten naturgemäß kalt. Das Schöne daran ist, dass neben dem Spareffekt alle beim Bau verwendeten Materialien auch noch natürlich, umweltfreundlich und wieder verwertbar sind. Das ist einerseits Lehm, als unbegrenzt wieder verwendbarer Baustoff, das sind die reichlich nachwachsenden Dämmstoffe Stroh und Flachs, und das ist andererseits natürlich Holz für die tragende Konstruktion. Die Firma Baufritz in Erkheim/Allgäu verkauft Holzhäuser mit ähnlichen Energievorteilen.

Das Raumklima in einem Holz- oder Lehmhaus ist unüberbietbar. Wir haben es mit einem atmenden Material zu tun. Gesünder und sparsamer kann man nicht bauen. Auch in Deutschland werden immer mehr Häuser angeboten, die noch ein oder zwei oder drei Liter Heizöl pro Quadratmeter pro Jahr verbrauchen. Das ist um den Faktor vier oder zehn günstiger als bisher. Ich entlaste die Umwelt, spare Geld und kann komfortabel leben.

Dinosauriertechnologien haben im Jahrhundert der Umwelt keine Zukunft mehr. Zukunft haben vielmehr Energiesparhäuser – wie oben beschrieben – oder Solarautos, die für eine 100-Kilometer-Fahrt noch soviel Energie verbrauchen wie in einem Liter Benzin steckt.

Das Ein-Liter-Haus

Die Welt von morgen wird geprägt von Unternehmen, die mit Energie, Rohstoffen und Wasser effizienter und damit ökologischer umzugehen gelernt haben. Nicht das Zehn-Liter-Auto, sondern das Zwei- und Ein-Liter-Auto haben Zukunft. Das ökonomische Hauptgebot des 21. Jahrhunderts heißt: Mit möglichst wenig Ressourcen möglichst viel Dienstleistung herausholen. Wir werden auf diese Weise lernen, künftig Kilowattstunden zu entlassen anstatt Menschen. Der Dow-Chemical-Manager Claude Fussler, Autor der Unternehmerbibel »Driving Eco Innovation«, plädiert für eine Produktionsweise, die um den Faktor zehn weniger Materialien und Energie als heute verbraucht: »Man muss ganz neu denken. In 30 Jahren wird das jeder begriffen haben. Bis dahin müssen wir diesen Faktor zehn erreicht haben. Aber fangen wir mit Faktor vier an. Das ist keine Utopie. Dass es geht, habe ich bei Dow selbst erlebt: Unsere Kunststoffverpackungen wiegen heute nur noch ein Viertel, und zwar aus wirtschaftlichen Gründen.« Bereits 1995 hat die österreichische Regierung das Erreichen des Faktors zehn zum Staatsziel erklärt.

BASF hat im Herbst 2001 ein »Drei-Liter-Haus« vorgestellt. Dieser Altbau, gebaut 1930, hat früher etwa 30 Liter Heizöl pro Jahr und Quadratmeter verbraucht. Jetzt, nach der energetischen Umrüstung, hauptsächlich durch bessere Dämmung, sind es noch 3 Liter: ein Energiegewinn um den Faktor zehn! 2006 werden in Deutschland, in Österreich und in der Schweiz bereits Ein-Liter-Häuser gebaut.

Es gibt Papierfabriken, die benötigen zur Produktion von 1 Kilogramm Papier noch 16 Liter Wasser, während moderne Fabriken nur noch 1 Liter Wasser zur Produktion von 1 Kilogramm Papier benötigen. Das Letztere ist ein Geldgewinn **und** ein Umweltgewinn. Grün gewinnt. Die Ökologie wird die intelligentere Ökonomie. Umweltschutz wird in jedem zukunftsfähigen Betrieb eine immer wichtigere Führungsaufgabe.

Die Münchner Hypovereinsbank hat eine besonders aktive und erfolgreiche Abteilung für Nachhaltigkeits-Management mit Stefan Löbbert an der Spitze aufgebaut. Sie unterstützt ihre Immobilienkunden beim gesunden und umweltverträglichen Bauen und arbeitet mit den erfolgreichsten Umwelt- und Nachhaltigkeitsfonds am deutschen Markt zusammen. Ergebnis der letzten fünf Jahre: weit höhere Gewinne als bei normalen, nicht ökologisch orientierten Fonds und Aktien. Viele Kunden mit klaren ökologischen und sozialen Wertvorstellungen profitieren davon, dass die Münchner Hypo ihren Kunden schon seit Jahren Aktien der Solar- und Windbranche empfohlen hat nach dem Grundsatz: Die beste Geldanlage ist eine Solaranlage. Die Aktie von Solarwald zum Beispiel war 2005 »Aktie des Jahres«. Voraussetzung des Geschäftserfolgs: Die Hypovereinsbank beachtet selbst bei ihrer Produkt- und Lieferantenauswahl ökologische und soziale Kriterien. Die Bank beweist: Erfolgreiche Geldanlagen können mit sozialer und ökologischer Verantwortung verbunden werden.

Ein Beispiel für den Energie-Einspar-Faktor 500 bis 1000: An der Berliner Humboldt-Universität war ich zu einer Vorlesung eingeladen. Der vorgesehene Termin war für mich ungünstig, und Fahrt oder Flug von Baden-Baden nach Berlin und zurück für eine Vorlesung schien mir zu aufwändig. Ich fragte nach der Möglichkeit einer Fernsehschaltung in den Hörsaal der Humboldt-Universität. Es klappte. Ich saß in Baden-Baden vor einem normalen Personalcomputer, an dem eine kleine Kamera angebracht war. Die Studenten in Berlin sahen mich an der Stirnwand ihres Hörsaals in der Größe von etwa drei mal vier Metern. Wir hatten eine sehr gute Kommunikation. Es entwickelte sich nach meiner Televorlesung noch eine Dreiviertelstunden-Diskussion. Alle Beteiligten waren von dieser Premiere einer elektronischen Vorlesung begeistert. Die Energiebilanz dieser

Veranstaltung haben Kollegen von der Südwestrundfunk-Technik errechnet. Sie war etwa um den Faktor 1000 günstiger als eine Autofahrt oder ein Flug.

Schon beim Faktor vier weisen Ernst-Ulrich von Weizsäcker und Amory Lovins darauf hin: »Doppelter Wohlstand – halber Naturverbrauch.« Und Faktor vier ist erst der Anfang.

Die ökologische Ethik

Sind wir noch zu retten? haben wir im ersten Teil dieses Buches gefragt. Ja, wenn wir es wirklich wollen und uns rasch von den alten Dinosauriern verabschieden, die jede Innovation verhindern wollen, und uns auf das Schmetterlings-Prinzip besinnen. Dinosaurier sind verliebt in die Probleme – wir sollten uns endlich in die Problemlösungen verlieben. Schmetterlinge zeichnen sich durch ihre Wandlungsfähigkeit aus: Larve, Raupe, Schmetterling.

Öko-Effizienz schafft Lust auf Zukunft! Öko-Effizienz ist die Ökonomie der Zukunft. Ökologie wird effiziente Langzeit-Ökonomie. Ökologisch produzieren heißt, ein Produkt von der Wiege bis zur Bahre auf möglichst hohe Effizienz zu bewerten und entsprechend zu wirtschaften. Dieses ökologische Wirtschaften und ökologische Produzieren wird zu weit geringerem Materialverbrauch führen als bisher. Die Dematerialisierung unserer gesamten Stoffverbräuche wird entscheidendes Kriterium für eine moderne Wirtschaft und für das ökologische Wirtschaftswunder werden. Siemens-Forscher arbeiten zurzeit an Solarzellen der nächsten Generation. Diese sollen noch mit einem Fünfzigstel des bisherigen Materialaufwandes hergestellt werden. Und sie werden natürlich weit preiswerter sein. Erfolg durch Faktor 50!

Vielleicht werden wir bald lernen, dass die beste Gesellschaft die mit den wenigsten Arbeitslosen ist. Zum Heil des Menschen gehört Arbeit und zum Heil einer Gesellschaft Vollbeschäftigung. Nur gesunde Gesellschaften werden die Kraft haben, die Schöpfung zu bewahren. Wir Deutsche waren materiell noch nie so reich wie heute. Was uns fehlt, ist – Zeit! Zeit gewinnen wir wieder durch eine neue Kultur der Arbeit – Zeit zum Nachdenken; Zeit, um miteinander zu reden; Zeit zum Spielen und zum Faulenzen; Zeit zum Lieben. In einer Zeit, in der uns modernste Techniken viel bisherige Arbeit »abnehmen«, bekommen wir die große Chance, durch weniger Arbeitszeit mehr Lebensqualität und Zeitsouveränität zu gewinnen. Persönliche Lebensqualität über mehr Zeitsouveränität wird ein wichtiges Kriterium für ein gelingendes Leben im 21. Jahrhundert werden. Faktor Zeit intelligenter nutzen.

Nach 1945 war es möglich, in Deutschland das klassische Wirtschaftswunder zu schaffen. Ich zeige in diesem Buch, dass wir am Beginn des 21. Jahrhunderts alle technischen Voraussetzungen haben, ein ökologisches Wirtschaftswunder zu schaffen. Warum sollten wir es eigentlich nicht tun? Notwendig ist eine Kulturrevolution in den Köpfen und Herzen vieler Menschen, die verantwortlich arbeiten und wirtschaften wollen. Damit aus der heute herrschenden kapitalistischen Marktwirtschaft eine demokratische, soziale und ökologische Marktwirtschaft wird!

Nochmal gefragt: Worauf warten wir eigentlich? Und: Warum jammern wir wie die Weltmeister, anstatt die vielen Chancen zu ergreifen, die auf uns warten?

Einer der bedeutendsten Ökologen unserer Zeit, der 2003 verstorbene brasilianische Umweltminister José Lutzenberger, definiert die Ökologie für das 21. Jahrhundert so: »Ökologie ist die Symphonie des Lebens und die Wissenschaft des Überlebens.« Ökologie ist Ökonomie der Natur. Ökologie ist die neue Wirtschaft, die neue Hauswirtschaft im gemeinsamen Haus unserer Mutter Erde.« Wenn wir wirklich mitarbeiten wollen an der Bewahrung und Weiterentwicklung unseres gemeinsamen Hauses der Schöpfung, dann müssen wir eine ökologische Ethik lernen. Die Technik allein wird uns nicht retten.

23. Wasser in Not

Wasser ist Leben. Ohne Essen können wir bis zu 70 Tagen überleben, aber ohne Wasser höchstens 70 Stunden. »Ohne Wasser ist kein Heil«, schrieb Goethe in »Faust II«. Heute schleicht sich eine Wasserkatastrophe von Süd nach Nord. Täglich sterben 15 000 Menschen an Wassermangel. Die meisten Hungerkatastrophen gehen auf Wasserkatastrophen zurück. Auch im heute noch wasserreichen Mitteleuropa steuern wir auf einen Wassernotstand zu. Unser Wasser wird benutzt, verschmutzt, verschwendet. Gifte im Wasser, Chemiemüll, Düngemittel und Luftverschmutzung bedrohen unser wichtigstes Überlebensmittel.

- Die deutsche Industrie verbraucht jährlich 16 Milliarden Kubikmeter Wasser. Aus den Papier- und Chemiefabriken fließen täglich 230 Tonnen schädliche Kohlenstoffverbindungen, darunter Benzol, Xylol, Toulol, in den Rhein und ins Trinkwasser. Chlor ist Bleichmittel für Papier. Die Abwässer der Papierwerke vergiften Flüsse und Meere.
- Die Landwirtschaft verseucht Grund- und Oberflächenwasser mit Gülle, Düngemitteln, Herbizide und Insektiziden. Nitrate und Ammoniak werden vom Wind in die Wälder und aufs Meer getragen. Allein der Ostsee muten die Anrainerstaaten jährlich über eine Million Tonnen Stickstoff und fast 80 000 Tonnen Phosphat zu.
- Jeder von uns verbraucht heute 8-mal soviel Wasser wie seine Großeltern vor 80 Jahren.

– Wasser wird weltweit bald zur knappsten natürlichen Ressource. Wir könnten Kriege ums Wasser erleben – sie drohen in Nahost und Afrika, aber auch auf dem indischen Subkontinent und im nachkommunistischen China. Öl können wir ersetzen durch Sonne, Wind und Biomasseenergie. Wasser aber bleibt unersetzlich – wir können es nicht vermehren.

Vor 100 Jahren musste das Wasser einmal gefiltert werden. Heute setzen wir, um das verschmutzte Wasser wieder zu reinigen, zunehmend auf Großtechnologie und auf die Chemie. In Deutschland sind zurzeit bis zu acht chemische Behandlungsstufen notwendig, damit das Wasser wieder trinkbar wird. Wasser wird gechlort, gefiltert und bestrahlt.

Die Washingtoner Zoologin und Toxikologin Thea Colborn weist darauf hin, dass Chemikalien im Wasser Fruchtbarkeitsstörungen nicht nur bei Fischen und Vögeln, sondern auch bei Menschen hervorrufen: »Leider entdecken wir gerade, dass einige dieser Schadstoffe die Gebärmutter durchdringen können. Sie sind also präsent, während das Baby im Bauch der Mutter heranwächst.« Es handle sich dabei nicht mehr um Einzelfälle, sondern um »ein globales Problem. Viele Chemikalien, die wir in der Vergangenheit verwendet haben, liegen da draußen in der Natur noch lange, sehr lange herum. Sie sammeln sich im Gewebe von Tieren und Menschen an, bei jedem einzelnen, vom Nordpol bis zum Südpol, von Ost bis West. Und zu dieser Grundbelastung kommen neue Schadstoffeinflüsse hinzu, das addiert sich immer weiter«, analysiert Frau Colborn. Weltweit haben sich die Zahl der Spermien bei Männern in den letzten 50 Jahren etwa halbiert. Viele Tiere in Seen, Flüssen und Meeren haben schon heute keinen Nachwuchs mehr. Vielleicht müssen wir Menschen die biblische Botschaft

»Wachset und mehret euch« bald aktualisieren durch den Zusatz »solange ihr noch könnt«.

Die dramatisch abnehmende Fruchtbarkeit von Mensch und Tier ist eine noch weitgehend unbeachtete und wenig erforschte Konsequenz der globalen Umweltzerstörung – eine tickende Zeitbombe.

Wasser ist ein Menschenrecht. Seit 1900 ist die Weltbevölkerung von 1,6 auf über sechs Milliarden Menschen angewachsen – doch die Wasservorräte sind gleich geblieben. Heute verbraucht jeder und jede von uns in Deutschland pro Tag 120 Liter Wasser. Wasser, das so rein ist, dass man es trinken kann. Aber fürs Kochen und Trinken benötigen wir nur drei Liter pro Tag. 40 Liter Trinkwasser spülen wir täglich pro Kopf die Toilette hinunter, 52 Liter Trinkwasser brauchen wir fürs Baden und Duschen, fürs Waschen und Spülen nochmals 25 Liter Trinkwasser. Amerikaner verbrauchen pro Tag durchschnittlich sogar 400 Liter Wasser, auch sie das meiste für Toilettenspülung und Autowaschen.

Sind wir noch zu retten? Ich will die Frage mit Hilfe von zwei Wasser-Szenarien für das Jahr 2015 und das Jahr 2030 beantworten.

WASSER 2015

Eine Vision für die Zukunft: Wenn der Bundestag ein Wasserspargesetz beschließt, das Bauherren vorschreibt, sparsame Armaturen zu installieren, private Nachrüstungen wie Sparduschen, Wasserspartoiletten, Wasserspar-Waschmaschinen und Wasserspar-Spülmaschinen fördert und Großverbrauchern einen Wasserpfennig abverlangt, dann werden wir bald nur noch halb soviel Wasser verbrauchen wie heute.

Jedes Jahr würde so pro Kopf 25 000 Liter Wasser gespart. In zehn Jahren also 250 000 Liter. Das wären bei einer vierköpfigen Familie eine Million Liter Wasserersparnis ohne Komfort-Einschränkung.

In wenigen Jahren können Grauwasserfilter im großen Stil das Wasser aus Dusche und Waschmaschine wieder reinigen. In jedem Mietshaus können Grauwasserfilter eingebaut werden. Statt Trinkwasser fließt dann Grauwasser durch die Toilette. Auch Regenwasser kann fürs WC genutzt werden. Wir machen in unserem Haus in Baden-Baden die Erfahrung, dass durch das Nutzen von Regenwasser viel Geld gespart werden kann.

Die Industrie wird – durch politische Bestimmungen – lernen, Wasser zu recyceln. Gebrauchtes Wasser kann zehnmal und öfter verwendet werden. Wir brauchen Wasserkreisläufe, wie es die Bahn AG im ICE 3 bei der Toilettenspülung schon heute vormacht. Die Landwirtschaft könnte – mit heute verfügbarer Technik – ihren Wasserverbrauch halbieren, die Industrie gar um 90 Prozent senken. Abwasser muss als Ressource erkannt werden, die sich produktiv einsetzen lässt. Wir müssen die törichte Unterscheidung zwischen Wasser und Abwasser aufheben. Es gibt nur **ein** Wasser.

Die Chemiewerke werden in zehn Jahren nur noch Stoffe einsetzen, die sie in ihren Klärwerken abbauen können. Chlor ist in unserem Zukunftsmodell verboten. Durch Kreislaufsysteme wird der Wasserverbrauch bei der Produktion eines Kilogramm Papier auf ein Zehntel gegenüber heute reduziert. Das Kühlwasser der Großkraftwerke darf keine Schwermetalle mehr enthalten. Dezentrale und umweltfreundliche Energieformen sorgen dafür, dass die wasserschluckenden Großkraftwerke überflüssig werden.

Landwirte verwenden gezielt Wirtschaftsdünger wie Gülle, Jauche oder Stallmist. Wird Gülle nicht mehr wie früher verspritzt, sondern direkt über dünne Schläuche in die Böden eingebracht, kann der Wind das giftige Ammoniak nicht mehr auf Meere und Wälder tragen. Nitrat kann nicht mehr in Boden und Grundwasser gelangen, wenn der Dünger sparsam dosiert wird. Den Dünger liefern übrigens in 30 Jahren nicht mehr die Chemiekonzerne, sondern die eigenen Kühe, wenn sie noch vorhanden sind.

Die chemische Industrie produziert heute 116 000 verschiedene Chemikalien, deren langfristige Auswirkungen auf Wasser und Böden wir zum großen Teil noch gar nicht kennen. Eine Wasserschutzpolitik wird bis 2030 dafür sorgen, dass nur noch Stoffe produziert werden dürfen, die biologisch abbaubar sind oder in die Produktion neu integriert werden können. Wasserkreisläufe müssen sich schließen. Die Zukunftsfähigkeit der Wirtschaft wird nicht zuletzt davon abhängen, ob sie lernt, in Kreisläufen zu produzieren.

Wenn diese alternative Wasserpolitik konsequent umgesetzt wird, dann ist die Wasserwende bis zum Jahr 2030 vollendet.

Ein neues Verhältnis zum Wasser ist nicht nur aus ökologischen und ökonomischen Gründen nötig, sondern Voraussetzung für Sicherheit und Frieden in einer begrenzten Welt. Eine Illusion? Nein, eine realisierbare Vision. Alle technischen Mittel dazu sind vorhanden. Was fehlt, ist ein neues Wasserbewusstsein von unten und eine entsprechend verantwortbare neue Wasserpolitik von oben. Die Münchner Stadtwerke haben bewiesen, dass es geht und wie es geht. Noch vor 12 Jahren musste die Hälfte des Münchner Trinkwassers aus solchen Tiefen geholt werden, wo das Wasser nur langsam fließt und sich deshalb nur alle 1000 Jahre wieder reinigt. Verantwortlich für das chemisch stark belastete Oberflächentrinkwasser war die Chemielandwirtschaft. Die Stadtwerke haben vielen Bauern im Münchner Umfeld finanzielle Anreize für den Umstieg auf Biolandwirtschaft geboten.

Jetzt wirtschaften überwiegend Biobauern ohne Kunstdünger und Pestizide. Die Qualität des Trinkwassers hat sich entschieden verbessert. Und die Stadtwerke, zu Recht mit dem Wasserpreis der Hundertwasser-Stiftung ausgezeichnet, sparen auch noch Geld. Denn die chemische Reinigung des Münchner Trinkwassers war teurer als die Finanzhilfe für die Biobauern.

Früheren Kulturen war das Wasser heilig. Und heiliges Wasser war sauberes Wasser. Wasser ist mehr als H_2O. Diese neue, uralte Erkenntnis ist die Basis einer neuen Wasserethik.

Das Rezept heißt sparen, schützen, sanieren. Es geht um das Wasser des Lebens.

24. Wasser wird bald kostbarer als Gold

Heute haben wir Menschen mit dem Wasser etwas angestellt, was Jahrmillionen undenkbar war. Wir haben die Natur so zerstört, dass sauberes Wasser immer knapper wird. Seen, Flüsse, Bäche, sogar das Regenwasser sind so stark belastet, dass wir nur über hochkomplizierte, mehrfache chemisch-technische Verfahren Wasser wieder trinkbar machen können.

Ein schöner Augustmorgen am Wetterstein. Der Bergbach hinter Schloss Elmau führt noch klares, reines Wasser. Ich schöpfe das Wasser mit den Händen und trinke es. Es schmeckt köstlich und erfrischt. Zwei etwa fünf- bis sechsjährige Jungen, die hier bei Garmisch-Partenkirchen wohl in den Ferien sind, kommen an den Bergbach und können es nicht fassen: Darf man Wasser einfach aus dem Bach trinken? Vergiftet man sich da nicht? Erst ihre hinzukommende Mutter kann sie wieder beruhigen: Nein, nein, der Mann stirbt nicht.

Wie schlimm muss es um unser Lebensmittel Wasser bestellt sein, wenn Kinder sich nicht mehr vorstellen können, dass man es aus einem Bergbach einfach trinken kann! Und unter welch naturentfremdeten Voraussetzungen wächst diese Generation auf! Woher soll sie die Kraft und Motivation haben, sich einmal für etwas einzusetzen, das sie gar nicht mehr kennt, nämlich natürlich reines Wasser!

Wasser ist eine Meisterleistung der Natur und eine einzigartige Schöpferleistung unseres Planeten. Wasser ist Leben und Urgewalt und unser ständiger Begleiter – vom Mutterleib bis zu unserer letzten Sekunde. Früher betrachteten die Menschen aller Kulturen das Wasser als etwas Besonderes, ja als etwas Heiliges. Das heißt: als etwas Heiles und Heilendes. Meere, Flüsse und Seen waren von guten und bösen Geistern bewohnt. Unsere Vorfahren opferten den guten Geistern, bevor sie einen Fluss überquerten oder eine Reise antraten. Wir Heutigen lächeln über diesen »Aberglauben« und werfen unsere Abfälle und unseren Überfluss in Bäche, Ströme und Seen.

Eine noch intakte Wasserethik sagt uns: Pestizide haben im Grundwasser grundsätzlich so wenig verloren wie im Trinkwasser. Es ist rational nicht nachzuvollziehen, warum die Allgemeinheit über teure Aufbereitungsanlagen das bezahlen soll, was nach dem marktwirtschaftlich doch gültigen Verursacherprinzip die chemische Industrie oder die Landwirte zu bezahlen hätten. Das Prinzip Verantwortung ist die Bedingung einer ökologischen Wasserwirtschaft und jeder wirklichen Marktwirtschaft.

Kriege um Wasser?

Weltweit sind zwei Milliarden Menschen von Wasserknappheit bedroht. Jedes Jahr sterben zehn Millionen an Wassermangel und an verseuchtem Wasser.

Im Frühsommer 2005 prügelten sich deutsche Urlauber und spanische Bauern an der Costa del Sol um Brunnenwasser. UNO-Experten sagen voraus: Wasser wird bald kostbarer als Gold. Und im Sommer 1995 stritten Ägypten und der Sudan so heftig um Nilwasser, dass sogar ein Krieg befürchtet wurde.

Der Jordan führt heute nur noch ein Drittel seiner früheren Durchlaufmenge ins Tote Meer. In Syrien, Jordanien, Irak und in ganz Nordafrika trocknen weite Gebiete aus. Vor allem an den Flussläufen werden die Konflikte zunehmen. Weil

- 40 Prozent der Weltbevölkerung an grenzüberschreitenden Flusssystemen leben;
- 120 der 200 größten Ströme wesentliche Teile ihres Wassers aus mehr als einem Staat beziehen;
- der Wasserbedarf doppelt so schnell steigt wie die Weltbevölkerung;
- Treibhauseffekt und Wassermangel zur Versalzung der Erde führen.

Die Wüsten breiten sich aus und sind einer UN-Studie zufolge bedroht wie nie zuvor. In den Wüstenregionen der Erde leben heute rund 500 Millionen Menschen. Zunehmende Trockenheit und schmelzende Gletscher könnten dort jedes Leben unmöglich machen und die Erosion würde weiter um sich greifen.

Die Weltbank befürchtet, dass es bald Kriege ums Wasser geben wird, und nennt drei Beispiele eines »Krisenszenarios, das ganz Asien bedroht«:

- Thailands Hauptstadt Bangkok wird im Jahre 2025 nicht mehr in der Lage sein, den Trinkwasserbedarf seiner Einwohner sicherzustellen;
- In Indonesiens Hauptstadt Jakarta ist schon heute das Wasser aus dem städtischen Wassernetz mit Fäkalbakterien und Ammoniak verseucht.
- In der philippinischen Hauptstadt Manila werden in fünf Jahren alle Grundwasserreserven kontaminiert sein.

In Mitteleuropa ist das oberflächennahe Grundwasser fast flächendeckend starken Belastungen ausgesetzt. Gifte, Chemiemüll, Düngemittel und Schadstoffemissionen durch den Autoverkehr stellen das größte Wasser-Gefährdungspotenzial dar. Ein Teil unseres Trinkwassers wird bereits aus Tiefengrundwässern gewonnen, die sich erst in späteren Generationen erneuern. Einmal eingetretene Verunreinigungen sind nur schwer oder gar nicht sanierbar.

Wasser ist unverzichtbar und unersetzbar. Auf dem Weltwasserforum 2006 in Mexiko-City haben Politiker erstmals für ein »Menschenrecht auf sauberes Wasser« plädiert. Die UNO fordert eine Erhöhung des Wasserpreises, um zum sparsamen Umgang mit den knappen Vorräten des Süßwassers zu zwingen. Den »Schutz der Wasserreserven« nennen die Vereinten Nationen eine der »vordringlichsten Aufgaben der Weltpolitik«. Ihr Generalsekretär Kofi Annan hat eine gerechtere Verteilung und eine effizientere Nutzung des Wassers in der Landwirtschaft angemahnt, die weltweit 70 Prozent allen Wassers verbraucht.

Wasserschutzgebiet oder Wasserschmutzgebiet?

Ganz Deutschland ist ein Wasserschmutzgebiet. Wie können wir wieder zu einem Wasserschutzgebiet werden?

Wie ich im vorigen Kapitel dargelegt habe, sollten künftig keine Stoffe produziert werden, die nicht biologisch abbaubar sind oder in die Produktion neu integriert werden können. Wasser- und Wirtschaftskreisläufe müssen sich schließen. Eine wertvolle Hilfe ist die Rückbesinnung auf Vorbilder der Natur. Dort, wo früher natürliche Landschaften mit funktionierenden Gewässersystemen zu finden waren, war in aller Regel auch eine hohe Ästhetik und Harmonie spürbar. Viele Städte verdanken dem Wasser die Qualität und Originalität ihres Stadtbildes: Venedig, Amsterdam, Bergen, Freiburg, Rio de Janeiro, San Francisco, Chicago, Detroit, Aachen, Friedrichshafen, Konstanz, Hamburg und Baden-Baden – zum Beispiel.

Wasser hat einen großen Einfluss auf das Stadtklima und damit auch auf das Wohlbefinden und die Psyche seiner Bewohner. Architekten werden wieder verstehen lernen, dass abfließendes Regenwasser nicht versteckt werden muß. Sein Perlen, sein Strömen kann als natürliches Kunstwerk begriffen werden. Wellenspiele und Lichtreflexionen ermöglichen Stadtbewohnern eine emotionale und bewusste Beziehung zum Naturelement Wasser.

In unseren Stadtbildern der Zukunft sollten Wasserkunstwerke wieder öffentliche Plätze, Gärten und Parks bereichern, offene Rinnen, die mit Regenwasser betrieben werden oder auch Teile des Abwassersystems sind, können – wie in Freiburg schon lange – der Verkehrsberuhigung dienen.

Wir müssen wieder empfinden lernen, dass

- Wasser der Ursprung allen Lebens ist. Ohne Wasser gibt es keine Tiere, Pflanzen und Menschen.
- Wasser die Felder fruchtbar macht.
- Wasser durch nichts zu ersetzen ist. Wasser kehrt in den Kreislauf der Natur zurück. Kein Tropfen geht verloren.
- Wasser unser wichtigstes Lebens-Mittel ist. Wasservergiftung ist unmoralisch.

Eine verantwortliche Wasserpolitik muss so konzipiert sein, dass wir unseren Kindern einmal guten Gewissens sagen können: Kinder, das ist euer Wasser! Ihr könnt wieder in den Flüssen baden und schwimmen. In den Flüssen gibt es viele Fische. Und die Fische sind auch nicht mehr krank. Denn wir haben inzwischen gelernt, dass das, was die Fische krank macht, auch die Menschen krank macht. Kinder, das Wasser ist wieder euer Wasser!

Wir sollten mit unseren Kindern symbolisch einen Wasser-Generationenvertrag schließen. Wir haben das Wasser nicht von unseren Eltern geerbt – wir haben es von unseren Kindern geliehen.

Für alle Menschen aller Generationen gilt die Erkenntnis: Wasser ist Leben, Wasser ist Glück, Wasser ist Wohlstand. Wasser ist aber auch Freiheit, Gerechtigkeit und Geborgenheit.

»Stirbt der Fluss, stirbt das Volk«, sagt ein brasilianisches Sprichwort. Genau so gilt aber auch: Lebt der Fluss, lebt das Volk. Wir haben die Wahl.

Der legendäre österreichische Wasserforscher und Förster Viktor Schauberger meinte: Wir haben dem Wasser die Seele geraubt! Von der Wasserqualität hängt die Bodenbeschaffenheit ab und damit unsere Gesundheit. Wenn Mensch und Tier gesund sein sollen, werden wir wieder lernen müssen, das Wasser als den Ursprung allen Lebens und die Grundlage unseres Seins wahrzunehmen. Hierfür aber brauchen wir eine ökologische Ethik. Wo könnten wir sie lernen?

25. Der ökologische Jesus – Vertrauen in die Schöpfung

Seit 30 Jahren gibt es eine starke Umweltbewegung. Doch ihre Erfolge sind eher bescheiden. Die globale Zerstörung beschleunigt sich noch immer – Tag für Tag. Die bisherige Umweltpolitik und die heutige Umwelttechnik allein werden nicht ausreichen, um unsere Umweltsünden aufzuwiegen. Woher aber sollen Rettung und Heilung kommen?

Wer im Angesicht der ökologischen Krise mit wachem Geist und offenem Herzen die Geschichte und die Geschichten Jesu im Neuen Testament liest, wird den ökologischen Jesus, eine jesuanische Öko-Ethik und die Jesus-Strategie zur Überwindung der ökologischen Krise entdecken.

Ich nenne Jesus auch deshalb ökologisch, weil er ein großer Naturbeobachter und ein noch größerer Naturpoet ist. Die Evangelien belegen dies. Die meisten Christen und Theologen haben aber offensichtlich vergessen, was Jesus über das Säen und Ernten, das Essen und Trinken, über Nahrung und Natur, über Wurm und Wolf, über die Vögel des Himmels und die Lilien des Feldes gesagt hat. Der ökologische Jesus bringt neue Bilder in die Welt. Seine Theologie ist Vita-logie und Öko-logie im besten Sinne des Wortes. Jesu »Vater« ist verliebt in die gesamte Schöpfung – auch in Tiere und Pflanzen, in Wasser, Luft und Erde.

»Unser himmlischer Vater lässt seine Sonne scheinen auf böse wie auf gute Menschen«, das heißt für alle, sagt Jesus in der Bergpredigt. Für alle: Das bedeutet, dass es keine RWE-

oder E.on-Sonne gibt, sondern nur unser aller Sonne. Die »Sonne des Vaters« schickt uns jeden Tag – wie schon gesagt – 15 000-mal soviel Energie auf die Erde wie alle Menschen zurzeit verbrauchen. Das macht sie voraussichtlich noch rund viereinhalb Milliarden Jahre, während das Erdöl in dreißig oder vierzig Jahren zu Ende geht. Mit seinem ewig gültigen Bild von der Sonne des Vaters und dem Vater als der Sonne hinter der Sonne legt Jesus den ethischen Grundstein für das Solarzeitalter.

Vor 2000 Jahren hat der junge Mann aus Nazareth gelehrt: Wer staunen, lieben und lernen kann, gehört zu den Gesegneten dieser Erde. Er lehrt uns, dass es dank der Schöpfung des »Vaters« auf dieser Erde für Jedermanns Bedürfnisse reicht, nicht aber für Jedermanns Habgier. Und was haben die Kirchen daraus gemacht? Weitgehend eine fromme unpolitische Vertröstungsideologie auf eine jenseitige Welt. Doch der biblische Auftrag lautet – wie auch die Theologen Dorothee Sölle, Eugen Drewermann oder Johann Baptist Metz meinen –, sich auf Erden für eine menschenwürdigere und gerechtere Welt zu engagieren. Die Zerstörung der Schöpfung ist nicht gottgewollt. Sie ist vielmehr eine unglaubliche Gotteslästerung. Jesu Gott will und braucht unsere Mitarbeit an der Bewahrung der Schöpfung und keine frommen Sprüche. Die frommen Sprücheklopfer hat Jesus selbst scharf angegriffen – ohne jede diplomatischen Floskeln. Gott hat nur unsere Hände.

Gerechtigkeit statt Rache

Die Antwort auf den Terror ist im Geiste Jesu Gerechtigkeit, aber nicht Rache, Mr. Bush und Mr. Blair. Und die Antwort auf die ökologische Zerstörung ist die solare Energiewende, eine ökologische Verkehrswende und die biologische Landwirtschaft. Dorothee Sölle: »Wir brauchen eine andere wirtschaftliche Globalisierung. Von unten. Im Interesse der Erde, im Interesse der Ärmsten.«

Der Physiker Leo Szilard formulierte ein Gebot, das wir beachten müssen, wenn wir überleben wollen: »Zerstöre nicht, was du nicht wiederherstellen kannst.« Wir dürfen nicht weiter die Arten zerstören, für deren Entstehen die Natur Millionen Jahre brauchte. Und wir dürfen auch nicht an einem Tag soviel Kohle, Gas und Öl verbrauchen, wie die Natur in 500 000 Tagen geschaffen hat. Hier wird das fünfte Gebot: »Du sollst nicht töten« ins Universale oder Kosmische übertragen. So meinte es auch Jesus. Und dieser jesuanische Fingerzeig ist auch in der ersten Enzyklika von Papst Benedikt XVI zu finden. Sie hat den schönen jesuanischen Titel »Deus amor est« – Gott ist Liebe.

Die Basis jesuanischer Öko-Ethik ist sein tiefes Vertrauen in die gute Schöpfung des guten Vaters für alle. Die Kirche hat uns gelehrt, dass wir alle mit der »Erbsünde« auf diese Welt kommen. Jesus aber hat unentwegt davon gesprochen, dass wir Geliebte und Gesegnete seien. Wer die ökologischen Bilder in den Geschichten und Gleichnissen Jesu tief in seinem Innern bedenkt, lernt Lebenslust und Lebensfreude und wird viel Energie und Vertrauen in die Schöpfung und ihre Zukunft entwickeln.

Jesus hat vor 2000 Jahren in seinen Geschichten vom Sämann und Acker, vom »Wasser des Lebens« und vom »Wunder des Wachsens« eine spirituelle Ökologie entwickelt und diese gelebt. In dieser Jesus-Strategie sehe ich **das** Überlebensprogramm für das neue Jahrtausend. Jesus war so sehr Ökologe wie Theologe – seine Ökologie ist eine Tiefenökologie, die heute endlich die vielen technischen Umweltfortschritte mit einer zeitgemäßen Überlebensethik verbinden und dadurch den Durchbruch zu einer ökologischen Wirtschaft schaffen könnte.

Wir sind wohl die erste Generation, die keinen Brutinstinkt mehr hat. Wir leben auf Kosten künftiger Generationen. Die Jesus-Strategie aber sieht Auswege selbst in scheinbar ausweglosen Situationen. Der verlorene Sohn wird von seinem Vater voller Freude aufgenommen. Das heißt: Umkehr und Wandel sind immer und grundsätzlich möglich. In der größten Krise liegt immer zugleich die größte Chance, lehrt Jesus: »Wer Gott vertraut, dem ist alles möglich« (Markus 9, 23). Jesus macht uns bewusst, das sich hinter jedem Schleier der Nacht ein strahlender Morgen verbirgt. Welch ein Hoffnungspotenzial für eine bessere Zukunft. Hoffnung, so kann man lernen vom ökologischen Jesus, ist die wichtigste Zukunftsressource. Allerdings: Jesu »Vater« hat nur unsere Hände.

Jesu Hinweise, dass wir immer nur ernten können, was wir säen, heißt für die heutige Landwirtschaftspolitik: Wer Chemie sät, erntet das Gift in seinen Produkten. Wer aber ökologische Landwirtschaft betreibt, dem gehört die Zukunft. Und für die Energiewirtschaft: Wer Atomkraftwerke baut, wird Atomunfälle ernten. Wer aber Sonne, Wind, Wasser und nachwachsende Rohstoffe als Energieträger nutzt, wird sichere, preiswerte, umweltfreundliche und klimaverträgliche Energie ernten.

Macht euch der Erde untertan

Jesus spricht von Blumen und Brot, vom Backen und Bauen, von der Erde und den Engeln, von Frucht und Frieden, von Geburt und Geld, von Gott und Gras und Geist, von Hecken und den Herden, von Leben und Licht, von Nahrung und Nattern, von Sonne, Sand und Senfkorn, von Regen, Reben und Reifen, vom Sämann, von Samen und vom Sauerteig, vom Schaf und Säugling, vom Sterben und von den Strömen lebendigen Wassers, von der Umkehr, vom Verstehen und Versöhnen, vom Verwüsten und von den Vögeln, vom Wachsen und Wundern, von Wein und Weiden, von der Weisheit und vom Weizen, von der Wurzel und von der Wüste.

Von Jesus und von Buddha können wir lernen: Eine neue Epoche, ein Jahrtausend der Ökologie beginnt, wenn wir die Metaphysik der Religionen verbinden mit den neuen Technologien für eine bessere Umwelt. Es geht um die Integration von Ethik und Technik.

Ein tiefes Verstehen des ökologischen Jesus wird revolutionäre Folgen haben. Seine Lehre und sein Leben handeln von der Heiligkeit der Schöpfung, das heißt von Heil-Sein und Wieder-Heil-Werden der Natur. Die heilige, das heißt unbeschädigte Schöpfung – das sind Schweine ohne Schweinepest, Rinder ohne Rinderwahn, Menschen ohne umweltbedingte Allergien und ohne Hautkrebs durch das Ozonloch. Heilige Schöpfung – das sind reines Wasser und saubere Luft, gesunde Wale und wirklicher Wald. Wir werden das falsch verstandene Wort des Alten Testaments »Macht euch die Erde untertan« transformieren müssen in ein »Macht euch der Erde untertan«.

Jesus redet und handelt in der Überzeugung: Wer Menschen Vertrauen zu sich selbst schenkt, verzehnfacht ihre Kraft und ihren Mut, ihre persönliche, gesellschaftliche, aber auch ihre politische Kraft. In der Spur des ökologischen Jesus lernen wir zu fragen: Wer soll denn überhaupt etwas ändern, wenn nicht ich? Wann, wenn nicht jetzt? Und wo, wenn nicht hier?

Im Markus-Evangelium sagt Jesus: »Mit der neuen Welt Gottes ist es wie mit der Saat und dem Bauern: Hat der Bauer gesät, legt er sich nachts schlafen, steht morgens wieder auf – und das viele Tage lang. Inzwischen geht die Saat auf und wächst; wie, das versteht der Bauer selber nicht. Ganz **von selbst** läßt der Boden die Pflanzen wachsen und Frucht bringen. Zuerst kommen die Halme, dann bilden sich die Ähren, und schließlich füllen sie sich mit Körnern. Sobald das Korn reif ist, fängt der Bauer an zu mähen; dann ist Erntezeit« (Markus 4, 26 – 29). Hinter dem hier so selbstverständlich gesprochenen »von selbst« steht der entscheidende Beweger aller Naturvorgänge. Dieses schöpferische Geschehen ist das Gegenteil des menschlichen Machens und Müssens. Hier herrscht göttliche Souveränität und nicht menschlicher Wille oder menschliches Wollen.

Die Sonne scheint »von selbst«, der Wind weht »von selbst«, das Wasser fließt »von selbst« und reinigt sich »von selbst«, Bäume und Pflanzen wachsen »von selbst« – wir müssen nur empfangen lernen, was die Natur uns weitgehend kostenlos zur Verfügung stellt.

Das Mitfühlen mit **allem** Leben ist der Kern der jesuanischen Botschaft. Sein »seid barmherzig« heißt: Fühlt mit dem Leben – selbstverständlich auch mit Tieren und Pflanzen. Alle Kultur ist für Jesus Erweiterung und Vertiefung des Bewusstseins für **alles** Leben. Ohne innere Transformation wird technischer Fortschritt nicht viel nützen. Erst wenn wir die ökologische Krise von innen verstehen, werden Umwelttechnik und Umweltethik zwei Seiten derselben Medaille.

Und nur dann kommt auch rasch

- die solare Energiewende,
- die ökologische Verkehrswende,
- der biologische Landbau,
- die artgerechte Tierhaltung,
- ökologisches Bauen,

– die ökologische Steuerreform und
– nachhaltiges, an Naturgesetzen orientiertes Wirtschaften.

Im Sinne des ökologischen Jesus müssen freilich nicht alle Umweltschützer Christen, wohl aber alle Christen Umweltschützer sein.

Im Sinne des Vordenkers einer neuen Psychologie, Ken Wilber, werden wir nicht weniger als ein ganzheitliches Handeln entwickeln müssen – eine integrale Vision für Wirtschaft, Politik, Wissenschaft und Spiritualität.

26. Die Ökologie wird die intelligentere Ökonomie

Die Natur ist das erfolgreichste Unternehmen aller Zeiten. Beim Wandern am österreichischen Hochkönig sah ich an einer Almhütte dieses Schild:

> Da der Mensch von heute sich so benimmt,
> als ob es die Natur nicht gäbe, kann es sein,
> dass sich die Natur von morgen so benimmt,
> als ob es den Menschen nicht gäbe.

Diese Weisheit ist keine sentimentale Öko-Poesie, sondern bereits todernste Realität. Das Hochwasser 2002 hat in Deutschland, Österreich, Tschechien, der Slowakei und anderen Gebieten Europas eine schreckliche Spur der Verwüstung hinterlassen. Tode waren zu beklagen, zig-Tausende Menschen mussten evakuiert werden, zahlreiche Häuser, Industrieanlagen, Straßen, Brücken, Schienen wurden stark beschädigt oder gänzlich zerstört. Mit Hilfsprogrammen bzw. Haushaltsumschichtungen in Milliardenhöhe versuchten die Staaten den betroffenen Menschen, der Wirtschaft und Landwirtschaft zu helfen. Und der extreme Hitzesommer 2003 bescherte uns die schwerste Naturkatastrophe seit Menschengedenken: verdorrte Felder, verbrannte Wälder, verdurstetes Vieh. In Frankreich erlagen 2003 mehr als 11 000 Menschen dem Hitzetod, in Europa insgesamt rund 35 000. Wahrscheinlich nur ein Vorbote! Nach allem, was wir heute über die Zukunft wissen, sind die heutigen Schreckensmeldungen nur die Vorzeichen künftiger Katastrophen. Die Klimaveränderung ist da. Die Zeichen mehren sich. Das Jahr 2005 war das weltweit wärmste Jahr seit Beginn der Klimaaufzeichnungen. Nach 2005 waren die Jahre 1998, 2002, 2003, 2004 und 2001 die wärmsten.

Für die globale Erwärmung ist weitgehend der Mensch durch sein Energieverhalten verantwortlich. Das sagen die 1400 Wissenschaftler vom Intergovernmental Panel on Climate Chance (IPCC), das die UNO eingerichtet hat, wie auch die American Geophysical Union, die World Meteorological Organisation oder die Wissenschaftlichen Akademien aller G8-Staaten. In der Fachwelt ist die Diskussion über die Ursachen des Treibhauseffektes geklärt. W i r sind die Ursache. Der heutige Mensch zerstört seine eigenen Lebensgrundlagen.

70 000 Generationen haben vor uns gelebt. Doch die heute lebenden Menschen sind die ersten in der Geschichte, die wissen, dass sie zu den letzten gehören können. Die Frage aller Fragen lautet: Wie finden wir das verloren gegangene Gleichgewicht wieder?

Wahrscheinlich sind die Dinosaurier vor 65 Millionen Jahren wegen einer kleinen Klimaveränderung nach einem Kometeneinschlag ausgestorben. Auch für die Menschheit hat das Dinosaurier-Zeitalter begonnen: Wir heizen unseren Planeten auf wie ein Treibhaus. Es ist kein Zufall, dass ausgerechnet jetzt unser Interesse an den ausgestorbenen Dinosauriern weltweit eine Renaissance erfährt.

Täglich produzieren wir weltweit 100 Millionen Tonnen Treibhausgase durch das Verbrennen fossiler Rohstoffe. Das ist mindestens das Fünffache dessen, was der Planet aushalten kann. Doch wohin wollen wir gehen, wenn wir unseren Heimatplaneten ruiniert haben? Wir haben nur diesen einen Planeten.

Die Zerstörung geht solange weiter, bis wir eine grundsätzlich andere Energiepolitik betreiben. Die Verlierer unserer heutigen Energiepolitik sind hauptsächlich unsere Kinder und Kindeskinder, denn ihre Umwelt, aber auch ihre Innenwelt, wird zerstört. Wenn wir nicht umkehren, verlieren sie die wichtigste Zukunftsressource überhaupt: die Hoffnung.

Wie lange kann dies noch gut gehen?

Mit einem Bruchteil des Aufwandes, den es beispielsweise gekostet hat, einen Menschen auf den Mond zu schicken, wird in Industrieländern wie Deutschland, Japan oder den USA auch der Durchbruch zur Sonnenenergiewirtschaft gelingen. Damit haben wir endlich eine Basis zur Lösung der Umwelt- und Klimakatastrophe. Wenn Deutschland als erstes Industrieland in großem Umfang die Sonne anzapft, wird dieses Vorbild weltweit Nachahmer finden. Das heißt: Die deutsche Wirtschaft und die deutschen Arbeitnehmer brauchen sich um das 21. Jahrhundert nicht zu sorgen. Nur die Ökologie kann die Ökonomie noch retten. Die Ökologie wird die intelligentere Ökonomie werden.

Aber noch ist alles anders. In Australien, Südchile und Südargentinien werden die Eltern aufgefordert, ihre Kinder nicht länger als 13 Minuten am Tag ins Freie zu lassen – die ausgedünnte Ozonschicht über der südlichen Erdhälfte führt schon heute zu Krebs, Augen-, Haut- und Atemwegserkrankungen. Man kann sich ausrechnen, was das »Ozonloch« in etwa 20 Jahren auch über der nördlichen Erdhalbkugel anrichten wird. Millionen Menschen werden jedes Jahr an Hautkrebs erkranken. Kürzlich erfuhr ich bei einer Vortragsreise durch Australien, dass allein dort jedes Jahr bei 140 000 Menschen neu Hautkrebs diagnostiziert wird.

Wieder einmal geht es um einen Ausweg aus unserer »selbstverschuldeten Unmündigkeit«, wie Immanuel Kant vor 200 Jahren die Aufklärung definierte. Die drohenden Ökokatastrophen sind nicht gottgewollt, sondern menschengemacht. Und Gott gab uns den Verstand, die selbstgemachten Probleme auch zu lösen.

In diesem Buch lesen Sie gegen die zweitstärkste Macht der Welt an: gegen die weltweiten Interessen der heutigen Energiewirtschaft. Dazu gehören die Ölscheichs, die Atomlobby, die Kohlepolitiker, die Gasmonopole ebenso wie die globale Autoindustrie und die Politiker in den Aufsichtsräten der Energieversorgungsunternehmen.

Der Golfkrieg 1991 und der Irakkrieg 2003 haben gezeigt, welche Macht und Gewalt hinter diesem Energiekomplex stehen. Er beherrscht die Welt, kann militärische Konflikte wie den Golfkrieg inszenieren, Milliardensubventionen organisieren und eine Expertenelite großziehen. Die oft gestellte Frage, warum die Zerstörung der Umwelt nicht gestoppt wird, ist leicht zu beantworten: An der Zerstörung unserer Umwelt wird sehr viel Geld verdient, das wenigen zugute kommt.

Wir sind das Volk

Die geballte Macht des Energiekomplexes scheint unbesiegbar, seit es der US-Energiewirtschaft gelungen ist, George W. Bush zum Präsidenten zu machen. Es gibt nur eine Kraft, die stärker wäre: der Überlebenswille der Menschheit im Angesicht des Abgrunds. Unsere eigentliche Ohnmacht ist, dass wir uns die Macht des Volkes nicht zutrauen. Wir sind noch keine aktiven Demokraten, sondern verstehen uns eher als Mitglieder einer passiven Zuschauerdemokratie. Immer wieder höre ich bei meinen vielen Vorträgen weltweit das hilflose Argument: »Was kann ich kleiner Mann oder ich kleine Frau denn schon ändern? Allein bin ich doch viel zu schwach!« Mich machen solche Argumente wütend. Es gibt keine »kleincn« Menschen, sondern nur Menschen, die sich kleinmachen oder kleinmachen lassen. Als Kinder Gottes sind wir alle zu Großem berufen, auch dazu, die Welt zu verändern und zu verbessern, indem wir uns verändern und verbessern. Wir alle sind von Natur aus lernfähig – bis zum letzten Atemzug.

Noch immer reden die einen von Ökonomie und die anderen von Ökologie, als hätte das eine mit dem anderen nichts zu tun. Die Ökologie funktioniert seit es unser Sonnensystem gibt – seit etwa fünf Milliarden Jahren. Die Natur – und damit die Ökologie – ist die älteste Firma, die noch nie bankrott gemacht hat.

Die klassische Ökonomie gibt es seit etwa 200 Jahren. Sie war in kurzer Zeit so »erfolgreich«, dass heute die Zukunft des Lebens auf dem Spiel steht. Die Ökonomie ist schlecht und schwach, wenn sie – wie heute – nicht ökologisch, also nicht zukunftsfähig und nicht nachhaltig ist. Ökologie ist also weit mehr als bloßer Naturschutz – Ökologie ist die Voraussetzung unseres Überlebens. Die Ökonomie ist der Ökologie nachgeordnet. Das ist der Leitfaden und Angelpunkt dieses Buches.

Spätere Generationen werden die meisten Bücher der heutigen Ökonomie- und Politikwissenschaft einmal unter die Rubrik »Realsatire« abstellen. Was sich heute Ökonomie nennt und ewiges wirtschaftliches Wachstum meint, ist in Wahrheit zerstörerisch. Klaus Töpfer nennt den ökonomischen Wachstumswahn zu Recht »das größte Selbstmordprogramm der Geschichte«.

Am meisten betroffen durch die zunehmenden Naturkatastrophen sind die Menschen der Dritten Welt. Die UNO schätzt, dass allein in Afrika zurzeit schon 18 Millionen Umweltflüchtlinge umherirren – zum Beispiel auf der Suche nach der nächsten Wasserquelle. Ihre Wasserkreisläufe haben aber wir Bewohner der Industriestaaten durch unseren Energieverbrauch zerstört. Die UNO befürchtet freilich auch, dass die Zahl der Umweltflüchtlinge sich bald auf 50 Millionen erhöhen wird.

Der Selbstmord der Menschheit ist nur durch zwei zentrale Strategien zu stoppen.

Erstens: Wir müssen den fossil-atomaren Ressourcenpfad verlassen und uns auf den Sonnenpfad begeben: Sonne, Wind, Wasserkraft, Biomasse und Erdwärme werden nicht verbraucht, sondern nur ge-braucht. Das heißt: Sie sind **für alle Zeit ohne Umweltzerstörung** nutzbar – auch noch 1000 Generationen nach uns.

Zweitens: Durch das Solarzeitalter entsteht die Voraussetzung dafür, dass die Ökologie künftig die intelligentere Ökonomie wird – preiswert und unerschöpflich. Denn Sonne und Wind schicken keine Rechnung. Und Kriege um die Sonne wird es auch nicht geben.

Wie das geht, habe ich an vielen Wegen aufgezeigt, die jede Leserin und jeder Leser beschreiten kann.

27. Das ökologische Wirtschaftswunder

Der Freiburger Solararchitekt Rolf Disch war einmal Weltmeister im Solarauto-Rennen. Sein Fahrzeug baute er selbst. Zuvor hatte er Möbelschreiner, Schlosser und Maurer gelernt und danach Architektur studiert. Deshalb kann ihm auch keiner etwas vormachen nach dem beliebten deutschen Handwerkermotto: »Das geht nicht, das haben wir noch nie so gemacht.«

Bei Rolf Disch geht viel, was früher nie so gemacht wurde. Er hat inzwischen weltweit die ersten 48 Solarenergie-Plus-Häuser gebaut und verkauft. Solarenergie-Plus heißt: Seine Häuser produzieren mit Hilfe der Sonne mehr Energie als in ihnen verbraucht wird. Das ist neu. Das ist eine Revolution in der Baukultur. Das erfordert Umdenken und erst recht Umhandeln. »Man muss zunächst das nutzen, was nichts kostet. Das heißt Energie sparen, die Sonnenkraft nutzen und dabei viel Lebensqualität haben«, erklärt mir Rolf Disch in seinem Haus im Süden Freiburgs. Im Gegensatz zu den meisten Architekten weiß Disch, wo Süden ist, und baut entsprechend. Mit seiner Frau Hanna Lehmann lebt und arbeitet er in seinem Solarhaus »Heliotrop« (griechisch: der Sonne zugewandt). Es dreht sich einmal am Tag mit der Sonne um die eigene Holzachse und bietet jede Stunde einen anderen Ausblick auf die sanft hügelige, grüne Umgebung des Schwarzwaldes.

Das »Heliotrop« wendet mal die verglaste und mit Sonnenkollektoren bestückte Hälfte der Sonne zu und mal die dick isolierte Rückseite mit kleinen Fenstern. Mal Sonnenschutz, mal

Sonnennutzen – je nach Jahreszeit, je nach Belieben. Auf dem Dach dreht sich ein »Solarsegel«, die Photovoltaik-Anlage, die mit 55 Quadratmetern Fläche etwa 5-mal so viel Strom erzeugt, wie in dem komfortabel eingerichteten Haus verbraucht wird.

2002 wurden Dischs Häuser zum »Haus des Jahres« gekürt. »Dieser Mann setzt neue Maßstäbe für zukünftiges Bauen«, urteilte die Fachzeitschrift »Bauen mit Holz« schon 1998. Seine Häuser sind aus Holz gebaut. Holz ist gespeicherte Sonnenenergie und wächst immer wieder nach. Es ist ein moderner Baustoff mit jahrhundertealter Tradition, ein idealer Rohstoff für eine zukunftsfähige Solararchitektur. Das Holz holt sich Disch aus regionaler, nachhaltiger Waldbewirtschaftung. Als Baustoff verbraucht Holz bei seiner Produktion nur ein Zehntel der Energie wie andere Baustoffe.

Die Bewohner von Dischs Solarenergie-Plus-Häusern erzählen mir von positiven gesundheitlichen Erfahrungen. Die Sonne bietet nicht nur Wärme und Strom, sondern als zusätzliches Geschenk gute Luft, Vitalität und Lebensenergie. Die natürliche Sonnenenergie unterstützt den inneren Stoffwechsel und regt die Selbstheilungskräfte des Körpers an. Eine alte Feng-Shui-Weisheit aus China heißt: »Kommt die Sonne nicht ins Haus, kommt der Doktor.« In der konventionellen Architektur wird übersehen, dass Licht ein existentielles Grundnahrungsmittel ist. Jedes Solarhaus ist ein Kurort. Das erspart viele Krankheitskosten.

Plusenergiehäuser

Es ist sensationell, dass wir heute Häuser bauen können, die mehr Energie produzieren, als sie verbrauchen. Die Bewohner von Dischs Plusenergiehäusern verkaufen ihren Solarstrom nach dem Erneuerbare-Energien-Gesetz und erhalten dafür jeden Monat einen Scheck von bis zu 300 Euro. So wird die Solarstromanlage finanziert und bringt Gewinn.

Langfristig ist Solarenergie preiswerter als herkömmliche Energieversorgung. Statt Energiekosten gibt es jetzt Energieeinnahmen – eine solare »Rente«. Ökologische Häuser sind auch ökonomisch sinnvoll. Solarenergie-Plus-Häuser sind das bisher deutlichste Symbol für ein ökologisches Wirtschaftswunder.

Zum Vergleich:

- Ein herkömmlich gebautes Haus mit 140 Quadratmetern Wohnfläche braucht jährlich etwa 30 000 Kilowattstunden Energie. Diese wird von Jahr zu Jahr teurer.
- Ein heute gebautes Niedrigenergiehaus derselben Größe braucht immer noch ca. 15 000 Kilowattstunden Energie.
- Aber das Plusenergiehaus von Rolf Disch (www. rolfdisch.de) erzeugt pro Jahr ca. 10 000 Kilowattstunden mehr als es verbraucht. Das ist über 20 Jahre ein Gewinn von etwa 5000 Euro pro Jahr.

Unser Kosmos wird von der Sonne bestimmt und gelenkt. Solararchitektur bedeutet, dass unsere künftigen Häuser den natürlichen Kreislauf widerspiegeln. Ein nach der Sonne gebautes Haus schläft nachts und nutzt, gut isoliert, die Restwärme des Tages. Bei Sonnenaufgang wacht das Haus auf. Am Mittag öffnet sich ein Solarhaus wie eine Blume zur Sonne. Und am Abend ist es im Haus noch immer gemütlich warm.

Rolf Disch war stets bereit, für die Umsetzung seiner Ideen auch ökonomische und finanzielle Risiken einzugehen. Nichts geht ohne Risiken, und ohne Risiken geht gar nichts. Deutschlands ökonomische Probleme hängen mit der weitverbreiteten Risikovergessenheit und der typisch deutschen Sicherheitsbesessenheit zusammen. Ein Land, in dem das Dosenpfand, der Zahnersatz und das Kopftuch einer türkischen Lehrerin über Monate die meistdiskutierten Probleme sind, hat keine gute Zukunft. Wir sind ein Land, in dem weit mehr Menschen sterben, als Kinder geboren werden, obwohl es im Geld schwimmt. Wir sind ein Land, in dem viele 18-Jährige mehr über ihre Rente als über interessante Lebensperspektiven nachdenken. Wir sind ein Land, in dem die meisten sich fragen, was die Gesellschaft für sie leistet, aber nur wenige sich dafür interessieren, was sie für die Gesellschaft leisten können – ein solches Land ist nicht zukunftsfähig.

Deutschland wird es dann wieder gutgehen, wenn es mehr Zukunftspioniere wie Rolf Disch gibt. Wir haben beinahe fünf Millionen Arbeitslose, obwohl das Land voller wichtiger Arbeit steckt. Vollbeschäftigung ist möglich. Aber nur mit unternehmerischem Mut zum Risiko, mit Mut zu ökologischen Innovationen.

Soeben wurde das nächste innovative Projekt von Rolf Disch eingeweiht: sein Solarschiff – ein zukunftsweisendes Dienstleistungszentrum für Firmen und Institutionen, die sich für nachhaltiges Wirtschaften engagieren, wie das Fraunhofer-Institut oder das Öko-Institut. Das an ein Schiff erinnernde Gebäude bietet eine Gewerbefläche von 6000 und eine Wohnfläche von 1000 Quadratmetern. Heizung, Stromversorgung und Warmwasserbereitung werden ausschließlich über Sonne und Holz organisiert. Die Baustoffe sind PVC-frei. Das Solarschiff bietet modernste Solararchitektur, eine gute Anbindung an den lokalen, regionalen und internationalen öffentlichen Verkehr, ein gesundes Arbeitsklima in hellen Räumen, Wohnen und Arbeiten an einem Ort. Es ist ein optimistisches Symbol für eine Energiezukunft ohne Öl, Kohle, Gas und Atomstrom. Wer hier arbeitet, kann auch hier wohnen, und wer hier wohnt, kann auch hier arbeiten – man braucht kein Auto, um zur Arbeit zu kommen. Arbeiten und Wohnen kommen wieder näher zusammen. Das heißt: Man spart Geld, entlastet die Umwelt und gewinnt Zeit sowie Lebensqualität.

Rolf Disch fällt immer etwas Neues und Innovatives ein, um noch mehr Energie zu sparen und zu speichern. Irgendwann hat dieser Architekt so viel Energie gespeichert, dass Atom- und Öllobbyisten bei ihm in die Lehre gehen werden. Dischs Sonnenschiff fährt direkt in die solare Zukunft: imposant, verwegen, energiegeladen. Es macht mir Spaß, den Weg dieses Pioniers in meinen Sendungen, Büchern und Artikeln zu begleiten und Zeuge und Zaungast einer so mutigen und munteren Architektur-Expedition sein zu dürfen.

Noch vor wenigen Jahren wurden Unternehmer und Architekten wie Rolf Disch als Öko-Spinner belächelt. Heute geht es ihm entschieden besser als seinen meisten Kollegen in der gebeutelten Baubranche. Er hat viele Aufträge. So war es schon oft: gestern Spinner – heute winner.

Die Pioniere einer neuen Zeit sorgen für Wachstum, Wohlstand und neue Arbeitsplätze. Nicht nur in Deutschland, in der ganzen Welt ist mit Hilfe des Energie-Sonnenpfads ein Weltwirtschaftswunder möglich.

Nach 1950 hat unsere Eltern- und Großelterngeneration das klassische Wirtschaftswunder geschaffen. Es ist die Aufgabe unserer Zeit, ein ökologisches Wirtschaftswunder zu gestalten. So wie vor 60 Jahren mit dem Ordnungssystem der sozialen Marktwirtschaft in Deutschland eine gelungene Balance zwischen Kapital und Arbeit organisiert werden konnte, so können wir heute mit einer Balance zwischen Ökonomie und Ökologie ein neues Wirtschaftswunder bewirken – ein ökologisches Wirtschaftswunder. Aber nicht nur Deutschland, die Welt ist erneuerbar.

28. Deutschland ist erneuerbar

Milliardenschäden durch Taifune in Ostasien, bislang unvorstellbare Verwüstungen durch mehrere Hurrikans in den USA, die Hitzewelle des letzten Frühsommers, dürrebedingte Ernteausfälle, ausgetrocknete Wasserläufe und schmelzende Alpengletscher zeigen: Die ökologische Weltkrise spitzt sich zu. Umweltschäden gefährden die Natur, bedrohen die Menschen und provozieren Wirtschaftsschäden. Die Ursachen sind die Erwärmung der Ökosphäre durch das Verbrennen von Kohle, Gas und Öl und deren Emissionen. Die Folgen stehen in keiner Energierechnung, aber wir alle müssen sie bezahlen.

Die Alternative sind die erneuerbaren Energien:
- Solarstrahlung und Solarwärme,
- Wind- und Wasserkraft,
- Nachwachsende Bio-Energie und
- Geothermie.

Damit haben wir die einzigartige Chance zu einer emissionsfreien und klimafreundlichen Energieversorgung. Ohne einen umfassenden Wechsel zu erneuerbaren Energien gibt es keine ökologische und ökonomische Zukunftsfähigkeit. Die Realisierung dieses Wechsels ist zu einem Wettlauf mit der Zeit geworden.

Deutschland hat in den letzten Jahren weltweit den Anfang gemacht, aus dem Teufelskreis der fossil-atomaren Energien auszubrechen. Das Erneuerbare-Energien-Gesetz (EEG) ist zum international erfolgreichsten Instrument der dynamischen Einführung erneuerbarer Energien im Stromsektor geworden: 20

Prozent aller weltweit installierten Photovoltaikanlagen zur Stromerzeugung und 40 Prozent der weltweiten Windstromkapazitäten stehen in Deutschland. Wir sind führender Industriestandort für Erneuerbare-Energie-Anlagen. Die jährlichen Wachstumsraten betragen 30 Prozent, bei Biokraftstoffen 2006 sogar 80 Prozent – mehr als in jedem anderen Industriezweig. In keinem Wirtschaftsfeld sind in kurzer Zeit so viele neue Arbeitsplätze entstanden: mehr als 100 000 in einem halben Jahrzehnt, gegen alle sonstigen Trends! Es können in wenigen Jahren 500 000 sein, wenn wir diesen Weg konsequent fortsetzen und unseren Vorsprung für Exportchancen nutzen. Damit können wir die Umwelt sanieren und gleichzeitig die Wirtschaft erneuern. Ein ökologisches Energiewirtschaftswunder ist möglich, wenn die neue Bundesregierung die Vorgaben der rot-grünen Bundesregierung durch das Erneuerbare-Energien-Gesetz fortschreibt und rasch ein neues Gesetz zur solaren Wärmeerzeugung auf den Weg bringt.

Die Mythen der Alten Energiewirtschaft

Das Erneuerbare-Energien-Gesetz (EEG) ist gegen den Widerstand der konventionellen Energiewirtschaft durchgesetzt worden, die so lange wie möglich den Strukturwandel der Energieversorgung verschleppen und die Stromerzeugung in atomaren und fossilen Großkraftwerken betonieren will. Seit Jahren läuft eine Kampagne von Reformverweigerern aus Energiewirtschaft, Politik und Teilen der Wirtschaftspublizistik gegen das EEG, die der Öffentlichkeit Ängste vor erneuerbaren Energien einzuflößen versucht. Sie wollen den weiteren Ausbau erneuerbarer Energien blockieren, um ungestört neue fossile Großkraftwerke mit einer Leistung von 40 000 Megawatt bauen zu können.

Wind- wie Solarstrom könnten, so wird behauptet, fossile Großkraftwerke nicht ersetzen, weil der Wind nicht immer weht und die Sonne nicht immer scheint. Angeblich steige sogar die Schadstoffbelastung durch fossile Kraftwerke, weil diese ständig im angefeuerten Zustand für die Ausfallzeiten von Wind oder Sonne in Reserve stehen müssten. Die Mehrkosten für die Stromkunden zur Finanzierung der Stromeinspeisungstarife für erneuerbare Energien betrügen 6 Euro pro Monat und Haushalt und würden immer weiter steigen. Die staatlichen Subventionen für die erneuerbaren Energien seien schon höher als die Kohle-Subventionen. Windkraftanlagen würden die Landschaft verschandeln und führten massenweise zum Vogelsterben.

Tatsache ist,

– dass eine vollständige Energieversorgung mit erneuerbaren Energien bis 2050 realisierbar ist, wie der Bericht der Enquete-Kommission des Bundestages 2002 gezeigt hat.
– dass es in den letzten Jahren in Deutschland jeweils 2500 Megawatt Neuinstallationen für erneuerbare Energien gab. Bei Fortsetzung dieses Trends in den nächsten vier Jahrzehnten würden 100 000 Megawatt hinzukommen, zu den bereits insgesamt installierten 15 000 Megawatt. In Verbindung mit neuen Stromspartechnologien und einem Ausbau dezentraler Kraft-Wärme-Kopplung bedarf es keiner neuen Großkraftwerke mehr.
– dass angefeuerte Großkraftwerke gegenwärtig ohnehin stets bereit stehen müssen, um auf Schwankungen der Stromnachfrage oder auf den Produktionsausfall von Atomkraftwerken reagieren zu können. Die Stromwirtschaft hat nie nachweisen können, dass sie nur der Windkraft wegen gesonderte Reserveleistungen vorhalten muss. Die Reserveleistung aus Dampfkraftwerken ist überdies der ineffizienteste

und rückständigste Teil der Stromerzeugung. Sie muss und kann durch hocheffiziente dezentrale Motorkraftwerke, Brennstoffzellen und neue Speichertechnologien ersetzt werden. Die moderne Energiezukunft liegt in einer flexiblen Struktur dezentraler Stromerzeugung und einem Mix aus erneuerbaren Energien.

- dass die Stromerzeugung aus atomar-fossilen Energiequellen nur deshalb kostengünstiger scheint, weil die Umweltschäden im Preis nicht erfasst sind und die heutigen Großkraftwerke in wettbewerbsfreien Monopolstrukturen und mit Subventionen in dreistelliger Milliardenhöhe erstellt wurden. Konventionelle Energien in neuen Großkraftwerken werden immer teurer, jeder Strom- und Ölverbraucher spürt es Monat für Monat. Erneuerbare Energien aber werden im Zuge Ihrer Breiteneinführung immer billiger.
- dass die aktuellen Mehrkosten des emissionsfreien Stroms für die Stromverbraucher lediglich monatlich etwa 1 Euro pro Haushalt betragen und dass es keine staatlichen Subventionen für diese Stromerzeugung gibt.
- dass die Landschaftsbeanspruchung durch die Großkraftwerke und den damit zusammenhängenden 200 000 Hochspannungsmasten wesentlich größer ist als durch die 18 000 Windkraftanlagen, neben der Landschafts- und Gewässerzerstörung durch die fossilen Energieemissionen und dem immensen Wasserverbrauch atomarer und fossiler Großkraftwerke. Bisher wurden schon 300 Ortschaften und 2300 Quadratkilometer für die Braunkohleförderung weggebaggert. Auf dieser Fläche könnte man aus Windkraft und mit Energiepflanzen mehr Energie gewinnen als durch die Verstromung von Braunkohle. Und 100 000 Menschen hätten nicht umgesiedelt werden müssen.
- dass ein massenhaftes Vogelsterben durch Windkraftanlagen

nicht festzustellen ist, dafür aber eine schwerwiegende Beeinträchtigung der Lebensräume von Vögeln durch das konventionelle Energiesystem insgesamt.
- dass die erneuerbaren Energien heimische Energien sind, die nicht importiert werden müssen und deshalb – angesichts einer Importabhängigkeit von 80 Prozent bei Altenergien – die Versorgungssicherheit erhöhen!

Auch die Warnung vieler Ökonomen vor einem weiteren deutschen »Alleingang« bei erneuerbaren Energien zeigt, wie mit zweierlei Maß gemessen wird: Bei jeder anderen Technologie heißt es, wir sollten schneller sein als andere, weil das der künftigen Wettbewerbsfähigkeit nützt. Warum soll das nicht für erneuerbare Energien gelten? Jeder kluge Unternehmer will mit innovativen Produkten als erster auf dem Markt sein.

Forderungen an die Politik

Ich möchte – vielleicht mit vielen Lesern und Leserinnen dieses Buches – den Bundestag und die Bundesregierung auffordern,
- den Energiewechsel zu erneuerbaren Energien und der generellen Steigerung der Energieeffizienz eindeutige politische Priorität zu geben,
- das Erneuerbare-Energien-Gesetz konsequent weiterzuführen, um den Energiemix aus allen erneuerbaren Energien voranzutreiben,
- in der Forschungspolitik den Schwerpunkt auf erneuerbare Energien zu setzen, vor allem für neue dezentrale Energiespeichertechniken, um das wirtschaftliche Potenzial zur vollen Entfaltung zu bringen,
- die bereits beschlossene vollständige Steuerbefreiung aller Bio-Kraftstoffe praktisch umzusetzen,

– mit Hilfe der Baugesetzgebung und Altbausanierungsprogrammen die Solarwärmenutzung in Gebäuden voranzutreiben. In Spanien wird kein Neubau mehr genehmigt, wenn Solaranlagen nicht gleich mitgebaut werden.

Wer sich intensiv mit den Chancen der erneuerbaren Energien beschäftigt, weiß: Deutschland ist erneuerbar und die Welt ist erneuerbar. Denn: Die Sonne scheint überall, der Wind weht auf der ganzen Welt, Biomasse wächst global, Wasserkraft ist in den meisten Ländern verfügbar und Erdwärme steht uns weit mehr zur Verfügung, als wir noch vor einigen Jahren dachten. Deshalb hat sich soeben die Stadt Karlsruhe zur »Hauptstadt der Geothermie« erklärt.

Mit Ausnahme der Grünen haben sich die deutschen Parteien überwiegend mit der Frage beschäftigt, wie retten wir die Arbeitsplätze von gestern. Erst die intensive Beschäftigung mit der Frage, wie schaffen wir Arbeitsplätze von morgen, kommen wir wieder auf den Pfad der Vollbeschäftigung. Dabei spielen erneuerbare Energien eine Schlüsselrolle. Den Durchbruch zur 100 Prozent solarer Energie schafft aber nur eine informierte Gesellschaft. Aber welche Information und wie viel Information? Das müssen wir im Angesicht wachsender Informationsfluten fragen lernen.

29. Wie viel Information braucht der Mensch?

Ein Deutscher verbringt zurzeit jeden Tag 10 Stunden mit Medien.

- Vor dem Fernseher sitzen wir 3 Stunden und 41 Minuten täglich.
- Radio hören wir 3 Stunden und 42 Minuten.
- Die Tageszeitung wird 28 Minuten gelesen, Bücher 35 Minuten.
- Die Nutzungsdauer des Internet hat sich seit 2000 mehr als verdreifacht und liegt jetzt bei 48 Minuten pro Tag.

Die Zeit, die wir für die Medien nutzen, wird immer umfangreicher. Werden wir durch immer mehr Information intelligenter und glücklicher oder verblöden wir im Informationsschrott? Auch die Natur hat es immer mit einem Überangebot von Informationen und mit Komplexität zu tun. Sie kennt gewaltige Datenströme in Lebewesen, die zum Teil aus Milliarden Zellen bestehen. Zellen sind intelligent und kommunikativ. Dabei kommt es weniger auf Quantitäten als auf die Qualität der Informationen an. Die Informationsfluten intelligent zu managen wird Voraussetzung, um im Informationszeitalter erfolgreich sein zu können.

Mein Großvater erzählte mir, dass seiner Generation vor hundert Jahren in der Schule gesagt wurde, das Wissen der Menschheit werde sich in hundert Jahren verdoppeln. Mein Vater ergänzte, dass er in der Schule hörte, das Wissen der Menschheit werde sich innerhalb von 50 Jahren verdoppeln. Ich erinnere mich, dass unsere Lehrer uns zu besserem Lernen erziehen wollten mit der Vorhersage, das Menschheitswissen werde sich alle 25 Jahre verdoppeln.

Unseren Kindern wurde beigebracht, das globale Wissen werde sich alle fünf Jahre verdoppeln. Heute halte ich gelegentlich Vorträge in der HighTech-Informationsbranche. Dort höre ich die Vorhersage: Im Jahr 2050 etwa werde sich das Wissen der Menschheit alle fünf **Minuten** verdoppeln. Wie werden unsere Kinder und Enkel damit umgehen? Bedeutet mehr Information auch mehr Kommunikation und Kommunikationsfähigkeit? Oder wächst lediglich der Informationsmüll wie heute die Abfallberge in unseren Landschaften?

Um im Informationszeitalter bestehen zu können, werden wir hauptsächlich lernen müssen, Wichtiges von Unwichtigem zu unterscheiden. Aber Information ist ein ganz neuer Rohstoff.

In der Wirtschaftsgeschichte des Industriezeitalters brauchten wir bisher immer mehr Kohle, Öl, Metalle und menschliche Arbeitskraft. Diese Rohstoffe waren die treibenden Kräfte. Künftig werden alternative Energien – wie wir in diesem Buch schon gesehen haben – und Informationen zum treibenden Rohstoff. Diese Entwicklungen werden auch die Gesellschaft verändern. Aber wie?

Der Fax-Effekt

Kennen Sie den Fax-Effekt?

Mit dem Rohstoff Information verhält es sich grundsätzlich anders als mit anderen Rohstoffen. Informationen werden geteilt, aber nicht getauscht. Wenn wir Acker, Pferd, Auto, Erdöl weggeben, verkaufen oder tauschen, dann sind sie weg. Ein Tauschobjekt ist für mich verloren, wenn ich es verkaufe. Beim

Verkauf oder Austausch von Informationen geht in der Regel nichts von mir weg. Sie vermehren sich, wenn ich sie publiziere oder mündlich weitergebe – andere kennen sie und ich auch.

Die Telekommunikation oder das WWW, das weltweite Netz, arbeiten völlig neuartig. Informationen können damit beinahe beliebig vermehrt werden, ohne dass jemand etwas verliert – außer vielleicht den Überblick. Informationen wandern in Lichtgeschwindigkeit durch elektronische Netzwerke und vermehren sich.

Informationen tendieren grundsätzlich zum Überfluss, nicht wie die alten Rohstoffe zur Knappheit. Deshalb bietet das gerade beginnende Informationszeitalter riesige Chancen für Reichtum und Überfluss für alle, im materiellen und erst recht im geistigen Sinn. Die Informationsgesellschaft wird traditionelle Wirtschaftstheorien völlig auf den Kopf stellen.

Je mehr Leser dieses Buch hat, desto höher die Profite für alle Beteiligten. Wenn der Aufbau-Verlag Brötchen oder Wurst verkaufen würde, wären Brötchen und Wurst bald verzehrt, also weg für alle Zeit. Wir können sie nur wenige Stunden in uns speichern. Da der Verlag aber Informationen wie dieses Buch weitergibt, können Tausende diesen Rohstoff »ewig« speichern und nutzen. Nichts geht verloren durch die Weitergabe. Viel kann sogar gewonnen werden. Je mehr Menschen diese Informationen nutzen, umso besser.

Stellen Sie sich vor, Sie hätten das einzige Fax-Gerät der Welt. Das würde Ihnen gar nichts nutzen, denn Sie könnten mit niemand per Fax kommunizieren. Aber je mehr Menschen Fax-Geräte besitzen, desto wertvoller wird Ihr Gerät.

Der Rohstoff Information ist der erste Rohstoff der Welt, der durch Gebrauch so wenig ausgeht wie die Sonne oder der Wind, wenn ich daraus Energie gewinne. Es entsteht kein Abfall, allenfalls Nebenwirkungen durch unsinnigen Gebrauch.

Bei den fossilen Rohstoffen haben wir hingegen das Grundproblem: weg ist weg – und zwar unwiederbringlich. Wenn Sie aus Kohle Wärme machen, können Sie aus der Wärme keine Kohle mehr machen. Der wahre Nutzen der Information zeigt sich freilich erst, wenn aus Information Wissen oder gar Weisheit wird – wenn wir Wissen weise einsetzen. Wir kommen vom Zeitalter der Mechanik und sind im Übergang zu einem Modell lebensfähiger und lernfähiger Systeme. Früher ging es um Maximierung, künftig geht es mehr um Optimierung. Aus dem Informationszeitalter kann ein Wissenszeitalter und aus dem Wissenszeitalter ein Weisheitszeitalter werden. Wie gesagt: Kann! Entscheidend ist, dass wir lernen, Wesentliches zu kommunizieren. Und das Wesentliche vom Unwesentlichen, vom Schrott, zu unterscheiden.

Wie aber werden aus Daten und Fakten Wissen und Weisheit? Wir müssen im Informationszeitalter die Gabe, differenzieren und auswählen zu können, viel stärker nutzen als unsere Vorfahren. Sonst werden wir bei steigendem Informationsangebot schlicht verrückt. Wir werden lernen müssen, dass Daten und Informationen noch kein Wissen und Wissen noch lange keine Weisheit ist. Welch eine Chance: Eine Menschheit, die künftig viel mehr voneinander weiß, wird untereinander keine Kriege mehr führen, wenn sie weise wird. Denn die Hauptursache aller Kriege ist die Angst vor dem unbekannten, fremden Anderen – und die Habgier.

Information, Wissen, Weisheit

Weisheit gibt dem Wissen Tiefe und Verständnis und Sinn. Wir brauchen dafür freilich eine Art geistigen Internet-Führerschein. Wie also kommunizieren wir bei der steigenden Informationsflut? Ich möchte 10 Regeln für gelungene Kommunikation formulieren:

1. Achtsamkeit. Wenn Menschen nicht achtsam behandelt werden, reagieren sie mit Traurigkeit, Frust oder Aggression – im Büro, im Bett, beim Sport und im Urlaub.
2. Eindeutigkeit. Zweideutigkeit sät Zwietracht. Was mit Eindeutigkeit gemeint ist, sagt Jesus sehr deutlich in der Bergpredigt: »Deine Rede sei Ja oder Nein, alles andere ist vom Teufel.« Zweideutigkeit wirkt zerstörerisch.
3. Wahrhaftigkeit. Sie ist Voraussetzung dafür, dass Kommunikation gelingen kann. Diese Erkenntnis gehört zum Urethos aller Religionen: »Du sollst nicht lügen«, nicht täuschen, nicht betrügen.
4. Auf die Seele achten. Seine Gefühle nicht unterdrücken, sagen, was man fühlt und fühlen, was man sagt. Auf die Seele achten heißt auch: Auf seine Träume achten, die uns Nacht für Nacht Signale für ein gutes gesundes Leben geben. Träume sind die in jedem von uns eingebaute kostenlose Hausapotheke. Hier gilt das Motto: »Den Seinen gibt's der Herr im Schlaf.«
5. Freude an der Arbeit. Freude und Humor sind so ansteckend wie Verdruss und Griesgrämigkeit. Humorvolle Menschen sind kommunikative Menschen, haben leichter Zugang zu anderen. Wer Sinn für Humor hat, sieht in jedem Problem auch eine Chance, zeigt weniger Stress-Symptome, denkt positiver, hat mehr Selbstvertrauen und mehr Erfolg.
6. Erfolgreiche Kommunikation heißt auch, die Zeichen der Zeit zu erkennen. Das gilt im Beruf ebenso wie in der Liebe, für Unternehmer wie für Arbeitnehmer. Eine kommunikative Unternehmenskultur ist immer geprägt von einer Vision.

7. Für gelingende Kommunikation ist Beziehungskultur wichtiger als Konkurrenzkultur. Stressiges Konkurrenzverhalten gehört zum Leben. Aber kommunikative Beziehungskulturen sind stabiler, machen zufriedener und sind erfolgreicher. Allerdings: Gerade in der modernen IT-Branche herrscht besonders viel Stress. Das Institut Arbeit und Technik in Gelsenkirchen (IAT) errechnete, dass zwei von fünf Beschäftigten unter chronischer Erschöpfung leiden. Die neue Jobwelt entspricht oft nicht den Bedürfnissen der Seele. Die chronische Müdigkeit ist bei Beschäftigten der Computer-Branche 4-mal höher als im Durchschnitt.
8. Empathie, das heißt, das Sich-Hinein-Versetzen in den Anderen oder die Andere, ist geradezu Voraussetzung für wirkliches Kommunizieren. Auch das gilt am Arbeitsplatz ebenso wie in der Küche oder im Wohnzimmer oder in der gemeinsamen Freizeit. Die beste Definition von Empathie habe ich bei dem Unternehmensberater Fritz Schürmeyer gelesen: »Halte dem anderen die Wahrheit wie einen Mantel hin, in den er hineinschlüpfen kann, schlage sie ihm nicht wie ein nasses Tuch um die Ohren.« Man kann es auch mit der Bibel sagen: »Liebe Deinen nächsten wie Dich selbst.« Aber: IT-Leute leiden mehr als doppelt so häufig unter dauerhafter Nervosität im Verhältnis zum Durchschnitt. Mehr Erholungsphasen bauen Stress ab und machen dann kommunikations- und liebesfähiger.
9. Hilfreich für jede Kommunikations-Kultur ist der Grundsatz: Loben ist wichtiger als Tadeln. Auch das gilt sowohl im Privatleben wie im Betrieb.
10. Kommunikation ist auch eine spirituelle Aufgabe. Wenn ich neben Geld ebenso nach dem Sinn meiner Arbeit frage, bekommt mein Tun eine spirituelle Dimension und dann kommt Freude auf. Wie wichtig diese Dimension ist, zeigt

eine Gallup-Umfrage. Danach sind etwa 70 Prozent der deutschen Arbeitnehmer an ihrem Arbeitsplatz frustriert. Sie sehen keinen Sinn in ihrer Arbeit. Ob das nicht ein wesentlicher Grund für die derzeitige ökonomische Misere in Deutschland ist? Ohne erfolgreiche Kommunikation in einem Betrieb wird Arbeit so wenig erfolgreich sein können wie eine Partnerschaft ohne ausreichende Kommunikation. Eine Umfrage von Psychologen ergab: Ein deutsches Paar kommuniziert pro Tag im Schnitt ganze sieben Minuten. Kommunikation ist Arbeit so wie Liebe Arbeit ist, Arbeit an uns selbst.

Wie also wird aus dem Informationszeitalter ein Kommunikations-, vielleicht sogar ein Weisheitszeitalter? Wenn wir lernen, dass die Qualität der Beziehungen wichtiger ist als die Quantität unserer Bezüge. Lernen, lernen, lernen – das scheint der Sinn unseres Hierseins. Wahrscheinlich ist die Natur unsere wichtigste Lehrmeisterin. Politik, Wirtschaft, Vereine, Kirchen und Familien, alle Organisationen der Zukunft werden sich am Vorbild des lebendigen, lernenden Organismus orientieren. Dann lässt sich Komplexität managen und bewältigen. Das heißt auch: Bisherige passive Fernsehzuschauer können Graswurzel-Journalisten werden. Weder die alte Politik noch die alten Medien werden im Internet-Zeitalter ihre bisherige Dominanz behalten. Spontane Demonstrationen wie im Frühjahr 2006 in Frankreich oder zuvor in der Ukraine werden von jungen Leuten per Handy und SMS organisiert. Damit 1989 die Mauer fiel, war noch Westfernsehen nötig. Künftig fallen die Mauern von unten – mehr Demokratie wird im Informationszeitalter möglich. Demokratie und Freiheit lassen sich so wenig aufhalten wie die Evolution. Wie in der Natur werden Netzwerke wichtiger als Hierarchien und Kommunikation wichtiger als Kommandos. Die Natur kann uns inspirieren, wenn wir zukunftsfähig werden wollen.

30. Was wollen wir lernen?

Die Weisheit der Natur ist die Wurzel der Kultur – so zumindest sehen es auch heute noch Naturvölker wie Indianer in Nordamerika, Maori in Neuseeland, Aborigines in Australien oder Schamanen in Sibirien.

Die Natur kennt fünf Ebenen der Weisheit:

- das Schöne: Natur ist die Grundlage jeder Schönheit. Sie besitzt Quantität, das heißt Vielfalt, aber auch Qualität, Überfluss und Ganzheit.
- das Wahre: Die Natur mit ihren Gesetzen ist die Basis von Wissenschaft und Technik. Die Natur ist der Urproduzent aller Güter und letztlich unser einziger Arbeitgeber. Nur die Natur produziert Ressourcen und Stoffe. Menschen können diese lediglich umwandeln und weiter verarbeiten. Menschen können von sich aus keinen einzigen Grashalm wachsen lassen.
- das Soziale: In der Natur ist alles untereinander vernetzt. Deshalb sind auch beim Eingriff in die Natur Grenzen gesetzt, weil wir rasch die Netze und das gesamte Netzwerk zerstören können. Zum Beispiel können wir schon heute erkennen, dass der atomare Energiepfad eine Grenzüberschreitung war und rückgängig gemacht werden muss. Durch atomare Spaltung spalten wir etwas, was wir nie wieder zusammen bekommen. Deshalb wissen wir auch nicht, wohin mit dem Atommüll. Wir wissen nur, dass er mehrere hunderttausend Jahre strahlt. Das ist unsozial gegenüber der Natur und gegenüber künftigen Generationen. Noch dramatischer können die Auswir-

kungen der Gentechnik werden. Wir werden in Demut und Ehrfurcht vor der Natur lernen müssen: Du darfst den Kern nicht spalten – weder den Atomkern noch den Zellkern.

- das Vorbildliche: Da die Ästhetik die Mutter der Ethik ist, können wir Menschen von der Ästhetik der Natur lernen, wie wir die Schönheit der Schöpfung bewahren und sie nicht wie in den letzten Jahrhunderten weiter zerstören.
- das Endliche: Die Natur ist nicht unendlich, sondern endlich, auch und gerade in ihrem Wachstum. Nichts, was im Außen wächst, wächst unendlich: Bäume wachsen bekanntlich nicht in den Himmel, aber auch nicht Hühner, Grashalme oder Menschen. Dieses Natur-Gesetz gilt selbstverständlich auch für unsere Ökonomie, obwohl uns fast alle Ökonomen und fast alle Politiker das Gegenteil erzählen. Sie wollen unsere aktuellen Probleme des Arbeitsmarktes, unserer Sozialsysteme und des Staatshaushaltes durch permanentes Wirtschaftswachstum lösen. Das ist primitiv, zerstörerisch und erfolglos. Die Natur zeigt, wie es wirklich geht: ewige Entwicklung statt ewiges Wachstum. Eine entwickelte Ökonomie wird eine ökologische Ökonomie.

Eine öko-soziale Marktwirtschaft als evolutionäre Weiterentwicklung der klassischen, erfolgreichen sozialen Marktwirtschaft bietet uns einen politischen Ordnungsrahmen, die Weisheit der Natur in unsere politischen, ökonomischen und sozialen Strukturen zu integrieren. So können wir lernen, die Evolutionsfähigkeit der Natur nicht weiter zu stören und zu schädigen, sondern von ihr zu lernen und sich ihrer zu bedienen. Aus dem Beschriebenen folgt ganz klar der Primat der Ökologie über die Ökonomie.

Ökonomisten sagen: wenn das Öl zu Ende ist, steigen wir um auf Kernspaltung und wenn das nicht mehr geht auf Kernfusion, und danach wird uns schon wieder etwas einfallen. Den jeweiligen Müll entsorgen sie in einem imaginären schwarzen Loch, das es nicht gibt.

Der zweite entscheidende Denkfehler des Ökonomismus ist, dass er die Ökologie für eine vernachlässigbare Nebensache hält und deren Primat leugnet. Jeder noch so eindimensionale Ökonom braucht aber eine intakte Umwelt.

Der in Politikerreden so gern gebrauchte Slogan von der »Versöhnung von Ökonomie und Ökologie« ist verräterisch. Die Ökologie ist nicht nur Milliarden Jahre älter als die »moderne Ökonomie«, sie stellt der Ökonomie den Rahmen ihres Handelns zur Verfügung. Die Ökonomie ist der Ökologie zweifelsfrei untergeordnet, auch wenn wir diese Hierarchie noch nicht wahrhaben wollen. Ökologie ist die Wiederherstellung von Zusammenhängen. Also kann langfristig nur eine ökologische Agrikultur auch ökonomisch tragfähig sein. Bei der Ökonomie geht es zum Beispiel um Wettbewerbsrechte und Preise, bei der Ökologie generell um unsere Lebensgrundlagen.

Deshalb gilt: Ohne Ökologie keine Ökonomie! Ökologie in der Landwirtschaft heißt folglich: so wirtschaften, dass auch morgen und übermorgen überhaupt noch gewirtschaftet werden kann. Jede wirkliche Agrar-Kultur ist ökologisch.

Es ist aber symptomatisch, dass es in den heutigen wissenschaftlichen Denkschulen noch kaum Ansätze für eine ökologische Ökonomie gibt. Auch die Agrar-Ökologie muss endlich raus aus ihrer Nische. Die gesamte ökologische Szene muss ihre intellektuellen und ethischen Batterien neu aufladen. Es geht um viel: um die Abwehr des biologischen und ökologischen weltweiten Holocaust. Die moderne Industriewirtschaft und die industrielle Agrarwirtschaft sind zu einem selbstmörderischen System verkommen, das bereits die gesamte Schöpfung bedroht. Wir haben die Landwirtschaft industrialisiert. Nachhaltig wirtschaften aber heißt Industrie zu »verlandwirtschaftlichen«.

Der Babykost Hersteller Claus Hipp hat – als er vor vielen Jahren auf Ökoprodukte umstellte – noch vom damaligen Landwirtschaftsminister gehört: »Das bringt doch nichts.« 1997 wurde er von der Zeitschrift »Capital« zum »Ökomanager des Jahres« proklamiert, und heute sagt er: »Unsere Babyprodukte sind 20 Prozent teurer als andere, aber sie werden trotzdem angenommen. Warum sollte der Sinneswandel nur bei Babynahrung funktionieren?«

Bis in grüne Parteiprogramme hinein lesen wir den Schlüsselsatz heutigen Wirtschaftens und heutiger Politik: »Der **Mensch** im Mittelpunkt«.

Das klingt vernünftig, human und fortschrittlich, ist aber in Wirklichkeit die Basis des heutigen Selbstmordprogramms. »Der Mensch im Mittelpunkt« heißt: Es kommt in der Evolution primär auf den Menschen an. Das aber ist der größte anthropologische Selbstbetrug. Wenn wir als Spezies Mensch überleben wollen, müssen wir lernen, dass unser Überlebensmotto nur heißen kann: »Das **Leben** im Mittelpunkt«.

Und zum Leben auf diesem Planeten gehören eben nicht nur Menschen, sondern auch Tiere, Pflanzen, also **alles** Leben. Albert Schweitzer fordert deshalb eine »Ehrfurcht vor **allem** Leben« als grundlegende ethische Orientierung des Menschen: »Ich bin Leben, das leben will, inmitten von Leben, das leben will«. Und: »Dem wahrhaft ethischen Menschen ist **alles** Leben heilig. Die Ethik der Ehrfurcht vor dem Leben ist die ins Universelle erweiterte Ethik der Liebe, sie ist die denknotwendig erkannte Ethik Jesu.«

Die Weisheit der Natur lehrt uns, dass es immer auf die Gesamtheit allen Lebens ankommt. Das Wohlergehen von Menschen hängt ganz natürlich auch vom Wohlergehen der Pflanzen und Tiere ab, aber auch vom Wohlergehen des Wassers, der Luft und der Böden.

Millionen Menschen werden heute krank und dick, weil wir verlernt haben, dass nur auf gesunden Böden gesunde Lebensmittel wachsen können. Und reines Wasser und saubere Luft sind die Voraussetzung für fruchtbare Böden.

Eine Weisheits-Politik und Weisheits-Ökonomie bedeutet: Ethik und Technik, Ästhetik und Effizienz, Ökologie und Ökonomie gehören zusammen wie Wissen und Weisheit oder Kreativität und Kunst. Wo aber können wir heute Weisheit und Ökologie lernen? Eben in der Natur. Schon Dostojewski wusste: »Schönheit wird die Welt retten.«

Mittelalterliche Theologen wie Thomas von Aquin oder Hildegard von Bingen waren davon überzeugt, dass das Göttliche immer auch das Schöne ist. Die Schöpfung in ihrer Schönheit ist eine Offenbarung der Schönheit Gottes, ein Abbild. In seiner Schöpfung kann ich Gott und seine Absichten mit dem Leben erkennen.

Größe und Schönheit der Schöpfung lassen auf Größe und Schönheit eines Schöpfers und/oder einer Schöpferin schließen. Diese re-ligio, diese Rückbindung des Schönen an das Göttliche, können wir freilich nur ahnen, solange wir uns über die Schönheit der Schöpfung dankbar freuen können. Die Navajo-Indianer wissen: »Die Anweisungen des großen Geistes sind niedergeschrieben in den Schriften der Natur, die jeder selbst lesen kann.«

Der Natur kommt eine weit größere Bedeutung zu, als wir es heute in den Zeiten der Natur-Zerstörung und Natur-Ausbeutung wahrhaben wollen. Nehmen wir als Beispiel die Natur als Verpackungskünstlerin: Intelligenter und ästhetischer als die Natur eine Banane, eine Nuss, einen Apfel, eine Grapefruit oder eine Kirsche hat nie ein Mensch etwas eingepackt. Und seit Christo und Claude wissen wir, dass Verpacken eine Kunst ist. Die Natur beherrscht das Verpacken ihrer Produkte einfach perfekt – ökologisch und ökonomisch optimal. Eierschalen und die Schuppenpanzer der Krokodile sind Meisterwerke natürlicher Verpackung, in Jahrmillionen erprobt und von Menschen unerreicht. Die Verpackungen der Natur zerfallen in einzelne Bestandteile und übernehmen dann andere Aufgaben im Naturkreislauf. Häufig schmecken sie auch gut und sind obendrein kostenlos. Es gibt heute zwar schon Firmen, die Verpackungsmaterial herstellen, das zu 100 Prozent wieder verwertbar ist, aber die Müllberge menschlicher Verpackungen bereiten uns immer größere Probleme. Würde die Erde so verpacken wie wir Menschen, wäre alles Leben längst erstickt.

Natürlich schön wird erst eine ökologische Ökonomie. Wege zu einer neuen, ökologischen Ökonomie:
- Ganzheitlichkeit,
- das Leben schonen und schützen,
- Grenzen erkennen und anerkennen,
- die Partnerschaft zwischen Mensch und Natur entwickeln.

Die dazu passenden Entwicklungen:
- langsamer
- weniger
- besser
- schöner

Der Naturschutzbund Österreich hat zusammen mit dem Ökosozialen Forum Wien unter Anleitung des Exbundeskanzlers Joseph Riegler diese Thesen entwickelt. Zu einem ähnlichen Schluss kommen die Vereinigung für eine ökologische Ökonomie in Deutschland, Michael Gorbatschows »Erd-Charta« oder Hans Küngs »Weltethos«.

Die hier aufgezeigte neue ganzheitliche Ökologie kann eine politische, wirtschaftliche, soziale und kulturelle Kraft werden. Das Ziel dieser Zukunftsüberlegungen unseres »Projekts Erde« ist nicht Verzicht oder Askese, sondern ein besseres Leben durch weniger Verbräuche! Damit die Erde wieder unsere Heimat wird und es für unsere Kinder bleibt. Es gilt: Dem Leben Heimat zu erhalten.

31. Eine bessere Welt ist möglich

Entwicklung kostet – keine Entwicklung kostet die Zukunft
Kreditanstalt für Entwicklung, Berlin

Die Vereinten Nationen schätzen, dass gegenwärtig 18 Millionen Afrikaner auf der Flucht sind, weil sie in ihrer Heimat kein Wasser mehr haben. Wir dürfen dreimal raten, wohin es diese Umweltflüchtlinge zieht.

Wir lassen Tausende, die Nacht für Nacht in Nordafrika unter Todesgefahr Sperrzäune und Mauern überklettern wollen, entweder wieder zurück in die Wüste bringen, wo viele von ihnen verdursten und verhungern oder wir lassen gleich auf sie schießen. In den letzten Jahren sind etwa 10 000 Afrikaner auf der Flucht nach Europa umgekommen, darunter viele, die in überfüllten Holzbooten die spanische oder italienische Küste erreichen wollten. Tendenz stark steigend. Eines ist sicher: Die Überlebenden werden wiederkommen und erneut die Flucht nach Europa versuchen.

Was können wir tun?

Ein Blick zurück in die Geschichte kann uns helfen, die **Ursachen** der Flucht zu erkennen und beseitigen zu helfen. Nach 1945 haben die USA mit 1,5 Prozent ihres Bruttosozialprodukts geholfen, dass Westeuropa und vor allem Westdeutschland ökonomisch wieder auf die Beine kam. Dieser Marshallplan, so genannt nach dem damaligen US-Außenminister George Marshall, wurde das Fundament des deutschen Wirtschaftswunders, also unseres heutigen Wohlstandes. Wenn heute alle Industriestaaten nur 0,7 Prozent ihres Bruttosozialproduktes für Entwicklungshilfe zur Verfügung stellen würden, also einen globalen Marshallplan initiierten, dann könnten wir bis 2015 die Zahl der Hungernden und Verdurstenden halbieren und bis 2030 den Hunger ins Museum der Geschichte stellen.

Zusammen mit zwei in der Entwicklungshilfe erfahrenen Autoren, Rupert Neudeck und Rosi Gollmann, habe ich in dem Buch (»Eine bessere Welt ist möglich – Ein Marschallplan für Arbeit, Entwicklung und Freiheit«) aufgezeigt, wie die einzelnen Schritte zu diesem Ziel konkret und praktisch aussehen könnten.

Unsere Vision: Bis 2030 muss auf diesem Planeten kein Kind mehr verhungern.

Es wird auch uns langfristig nicht gut gehen können, wenn es den Ärmsten immer schlechter geht. Neben Ressourcenkriegen werden im 21. Jahrhundert auch Kriege zwischen Armen und Reichen geführt werden, wenn die Reichen nicht umdenken und umhandeln.

Lateinamerika, Asien und Afrika sind zwar nach wie vor die Kontinente der Armen, aber es sind keine armen Kontinente. UNO-Experten haben errechnet, dass auf unserer Erde 12 Milliarden Menschen ein gutes Leben ohne Hunger und Elend führen könnten.

Unsere reiche Welt ist ethisch arm und politisch phantasielos. Papst Johannes Paul II. erklärte eine Politik für »bankrott«, die nicht verhindert, dass im 21. Jahrhundert noch über 800 Millionen Menschen hungern. Benedikt XVI. hat soeben das tägliche Hungersterben den »größten Skandal unserer Zeit« genannt und die dafür Verantwortlichen »eine Räuberbande«.

Welche Strategien brauchen wir, um den Hunger zu überwinden? Könnte heute ein Globaler Marshallplan für die Dritte Welt so hilfreich sein wie der Marshallplan der USA nach 1945 dem zerstörten Europa auf die Beine geholfen hat?

Die USA geben heute in 32 **Stunden** mehr Geld für Rüstung und Kriegsvorbereitung aus als der UNO in einem ganzen **Jahr** zur Verfügung steht. Das ist keine gute Grundlage für Gerechtigkeit und Frieden.

Nicht die zu vielen Menschen in den armen Ländern sind das Hauptproblem für die Zukunft unseres Planeten, sondern die Ressourcenverbräuche der relativ wenigen Menschen in den reichen Ländern. Ein deutsches Kind hat zum Beispiel durch seinen Verbrauch an Papierwindeln im Alter von zwei Jahren bereits so viel Papier verbraucht wie ein Mensch in Indien, China oder Afrika während seines gesamten Lebens.

Am Beispiel des südwestindischen Bundesstaates Kerala lässt sich erkennen, wie das Bevölkerungswachstum durch sehr humane politische Maßnahmen erfolgreich gestoppt werden kann. Kerala ist der erste indische Bundesstaat, in dem die Bevölkerungszahl nicht mehr wächst. Dort gehen alle Kinder und Jugendlichen zur Schule – selbstverständlich auch die Mädchen. Diese Mädchen haben die Chance, einen Beruf zu erlernen und bekommen dann auch nicht mit 16 Jahren ihr erstes Kind, sondern mit vielleicht 25. Eine Frau in Kerala bringt im Schnitt zwei Kinder zur Welt. Das Problem des Bevölkerungswachstums ist gelöst.

Entwicklung ist mehr als Armutsbekämpfung und Caritas. Nachhaltige Entwicklung mit zukunftsfähigen Perspektiven für Millionen Menschen in Entwicklungsländern erfordern vierfache Anstrengungen von Entwicklungsländern und Industriestaaten. So hat es das Bundesministerium für wirtschaftliche Zusammenarbeit formuliert:

- Soziale Gerechtigkeit – das heißt sozialer Ausgleich und armutsmindernde Rahmenbedingungen;
- Wirtschaftsfördernde Leistungsbereitschaft – also armenorientiertes Wachstum und wirtschaftliche Zusammenarbeit;
- Politische Stabilität – darunter wird der Einsatz für Frieden, Menschenrechte, Demokratie und Gleichberechtigung verstanden;
- Ökologisches Gleichgewicht meint schließlich das Bewahren der natürlichen Ressourcen als Lebensgrundlage. Also nachhaltiger Umgang mit unseren Lebensvoraussetzungen wie reines Wasser, saubere Luft und gesunde Böden.

Diese Entwicklungspolitik ist also mehr als die klassische Entwicklungshilfe, die primär akute Armutsbekämpfung und Nothilfe gemeint hatte. Wenn Entwicklungspolitik gelingen soll, ist eine neue Nord-Süd-Politik Voraussetzung. Entscheidend für Entwicklung ist, dass die Armen ihre Kreativität entwickeln können. Meine Erfahrung ist, dass Arme unglaublich kreativ sind. Und Kreativität ist eine göttlich-menschliche Tugend. Dabei brauchen sie:

- Bildung
- Wasser
- erneuerbare Energien.

Es ist das Verdienst von Klaus Töpfer als Chef der UNEP, der Umweltorganisation der Vereinten Nationen, die Welt auf den Zusammenhang von Umwelt und Entwicklung aufmerksam gemacht zu haben. Für Töpfer ist eine intakte Umwelt Voraussetzung für Entwicklung. 1,5 Milliarden Menschen leben in absoluter Armut. Sie werden diese nur mit Hilfe von Wasser und erneuerbaren Energien überwinden können.

Der Norden kann den Süden nicht entwickeln. Aber der Norden darf den Süden nicht länger ausbeuten und kann Hilfestellung leisten, wenn die armen Länder versuchen, neue Wege in eine bessere Zukunft für alle zu gehen.

Wir wissen:

- so wie im nachmaoistischen China der Hunger zurückgedrängt wurde,
- so wie in fast allen Asean-Staaten in Südostasien und im demokratischen Indien große Fortschritte bei der Bekämpfung von Hunger und Armut erreicht wurden,
- so wie in den kleinen asiatischen Tigerstaaten der Hunger sogar überwunden werden konnte,

so können auch Hunger und Verelendung bei den heute noch »Fußkranken der Weltwirtschaft« in Afrika, Lateinamerika, Osteuropa und Asien mittelfristig stark reduziert und langfristig überwunden werden. Alles andere ist schlicht Politik-Versagen der Mächtigen und der Besitzenden in Nord und Süd, in Ost und West. Hunger und Krankheit sind kein unüberwindbares Schicksal.

Die Zündfunken für den Global Marshall Plan und für ein Weltwirtschaftswunder kommen nicht von politischen Spinnern, sondern von Kofi Annan, der heute weltweit für die Millenniumsziele kämpft; von Michael Gorbatschow, der vor 20 Jahren schon einmal die Welt verändert hat; von Al Gore, der bereits 1991 mit seinem Weltbestseller »Wege zum Gleichgewicht – ein Marshallplan für die Erde« wichtige Impulse für die heutige Global Marshall Plan Initiative gab; von Hans Küng mit seinem »Weltethos«, von Jakob von Uexküll, dem Stifter des Alternativen Nobelpreises; von Maximilian Gege, dem Koordinator von Europas größtem Umweltverband der Wirtschaft. Die neue Initiative hat nicht nur Ziele formuliert, sondern auch Instrumente der Umsetzung und Finanzierung.

Natürlich sind die Forderungen des Global Marshall Plan nicht neu. Seit Jahrzehnten fordern Politiker auf allen internationalen Konferenzen dasselbe. Aber die vielen Konferenzbeschlüsse sind bisher das Papier nicht wert, auf dem sie stehen. Deshalb jetzt die Initiative von unten, aus der Mitte der Zivilgesellschaft.

Die Initiatoren des Global Marshall Plan arbeiten daran, dass

- ab 2006 die Europäische Union auf allen globalen Konferenzen für einen Globalen Marshallplan wirbt.
- Ab 2007 soll auf der »Rio plus 15«-Konferenz der Marshallplan allen Regierungen der Welt bekannt gemacht und
- ab 2008 soll der Globale Marshallplan umgesetzt werden, wobei die USA in der Zeit nach George W. Bush als Präsident mit ins Boot geholt werden sollen.
- 2015 sollen die Millenniumsziele der UNO erreicht sein und
- 2030 soll auf unserem Planeten kein Kind mehr verhungern müssen.

Wenn auch Sie, liebe Leserinnen und Leser, mithelfen wollen, dann informieren Sie sich bei: Global Marshall Plan Initiative (www. globalmarshallplan.org).

Die Zivilgesellschaften der reichen Länder können und müssen weltweit zum Gewissen ihrer Regierungen werden. In der Geschichte konnten Veränderungen oben erreicht werden, wenn Menschen von unten dafür kämpften.

33. Wir können die Natur nicht verbessern

Im Norden der USA wurde auf einer Insel ein Experiment gemacht. Es gab Rehe, Hirsche und Elche, aber auch Bären, Wölfe und Kojoten. Ein Jäger hatte folgende Idee: »Wir erschießen die Bären und die anderen Raubtiere, damit sich die Rehe, Hirsche und Elche rascher vermehren können.«

Der Vorschlag wurde umgesetzt. Vor dem menschlichen Eingriff hatte es 1000 Rehe gegeben. Danach lebten sie viel länger, und bald war die Population von den ursprünglich 1000 auf 30 000 hochgeschnellt. Da haben sich die Jäger gefreut. Aber die Böden und die gesamte Vegetation wurden so stark überweidet, dass es zu horrenden Erosionen kam, also zur Zerstörung der Bodenfruchtbarkeit. Die Folge war ein großes Rehsterben. Seitdem leben auf der Insel noch etwa 100 Rehe, etwa ein Zehntel von früher. Die Population **aller** Arten schwankte zuvor nur um etwa 10 Prozent. Jetzt aber war die Balance in der Natur zerstört und die Tragfähigkeit des Bodens ebenfalls. Nicht die Natur selbst, der Mensch hatte das Gleichgewicht der Natur zerstört.

Was auf dieser US-amerikanischen Insel mit den Rehen geschah, könnte auch bald mit uns Menschen weltweit passieren. Vielleicht »lösen« wir das Problem des Bevölkerungswachstums auf eine ganz andere Art, als wir es uns heute vorstellen können. Es ist einfach unmöglich, dass wir die Erde grenzenlos unbestraft ausbeuten. Die Erde braucht uns nicht, wir aber brauchen sie. Und sie wird reagieren. Zum Beispiel – wie seit einigen Jahren – durch immer mehr und immer stärkere Hurrikans.

Den brutalsten Eingriff in Naturkreisläufe erlauben wir uns seit Jahrzehnten durch unsere katastrophale Energiepolitik. Wir verbrennen in wenigen Jahrzehnten, was die Natur in ca. 2 Milliarden Jahren an Kohle, Gas und Erdöl angesammelt hat. Um Atomstrom zu produzieren, nehmen wir in einer **einzigen** Generation Atommüll in Kauf, der noch mehrere hunderttausend Jahre nach uns durch giftige Strahlungen künftige Generationen belasten und ihnen riesige Kosten aufladen wird. Motto: nach uns die Sintflut!

Und jetzt kommen zusätzlich die Auswirkungen der Gen-Techniker hinzu.

Aber gegenüber der Primitiv-Euphorie der Gentechnik – zum Beispiel durch Gentechnik könnten wir den Welthunger besiegen – gilt das Naturgesetz: Wir können die Natur niemals verbessern – vielmehr gilt umgekehrt: Wir können ewig von ihr lernen und **dadurch** eine bessere Welt organisieren helfen.

Gott braucht keine Nachhilfe

Genetiker spielen Schöpfung und Schöpfer, sie wollen die Natur verbessern. Sie wollen größer sein als Gott, der nach ihrer Meinung einiges falsch gemacht hat. Schon Lao-tse wusste es vor 2500 Jahren besser:

»Das Universum ist vollkommen.
Es kann nicht verbessert werden.
Wer es verändern will, verdirbt es.
Wer es besitzen will, verliert es.«

Hinter der Gentechnik steht – wieder einmal – menschlicher, überwiegend männlicher Größenwahn und die Gier nach Geld. Die möglichen Folgekosten werden dabei einfach ausgeklammert, ähnlich wie schon bei der Atomenergie.

Wer die geschundene Kreatur sieht, wer sich vorstellt, was Gentechnik durch Eingriffe in die Keimzellen des Lebens alles anstellen kann, wird aufschreien müssen gegen den neuen gottlosen Größenwahn. Gnade uns Gott, wenn wir zukunfts- und evolutionsblind alles machen, was wir technisch können.

Wollen wir wirklich alles, was wir können?

Die neueren Naturwissenschaften wie die Gen- und Biotechnik zeigen jeden Tag, dass sie auf die wichtigen Fragen nach Sinn und Warum, nach Woher und Wohin keine Antworten geben können. Wer aber nicht nach dem Sinn fragt, wird viel Sinnloses und Widersinniges tun. Die Gentechniker wollen also den Roman des Lebens neu schreiben.

Natürlich können wir heute den Mais und den Reis, Hauptnahrungsmittel der Menschheit, gentechnisch verändern. Ein herbizid-resistenter Mais ist freilich nur scheinbar ein Vorteil. Denn es gibt eine Insektenart, nämlich den Maiszünsler, der dabei ausstirbt. Wenn aber das geschieht, werden andere Schmetterlingsarten aussterben und danach werden bestimmte Vogelarten aussterben. Und danach? Wo ist das Ende des Artensterbens?

Leben ist nur in Vernetzung möglich und deshalb sterben **viele** Arten, wenn **eine** Art stirbt. Die Geschwindigkeit des Artensterbens ist heute etwa tausend mal schneller als vor 200 Jahren.

Der Betriebsvorteil der Agrarindustrie durch Gen-Manipulation steht in keinem Verhältnis zu den heute schon bekannten und erst recht zu den noch unbekannten Folgen menschlicher Eingriffe in die Keimbahnen des Lebens.

Hasen sterben, Rehe werden blind

Absehbar ist, dass Gentechnik schon mittelfristig Bio-Landwirtschaft unmöglich macht. Wenn nämlich neben dem Genmais-Feld ein Biobauer Bio-Mais anbaut, wird sehr wahrscheinlich der Wind dafür sorgen, dass sich der genveränderte Mais auch auf dem Acker des Biobauern ausbreitet. Danach kann der Biobauer dicht machen, denn seine Ernte darf nicht genverändert sein. Wollen wir das?

Schon vor 20 Jahren haben wir im Fernseh-Magazin »Report« aufgezeigt, dass Hasen den damals hochgepriesenen genveränderten Doppel-Null-Raps besonders gern fressen. Viele Hasen sind gestorben, und viele Rehe wurden blind, weil der genmanipulierten Pflanze bestimmte Bitterstoffe fehlen.

Heutige Gentechnik ist so, als würden wir im Nebel mit 220 km/h über die Autobahn rasen. Wer so fährt, riskiert nicht nur sein eigenes Leben, sondern auch das seiner Zeitgenossen. Wir glauben, da seien keine Hindernisse, weil wir sie im Nebel gar nicht sehen können.

Unsere Erde ist keine Maschine, sondern ein Organismus – ein lebendiges System, ein Ökosystem so wie Sie oder ich, liebe Leser. Und jedes lebendige System ist etwas Göttliches. Für Indianer oder Aborigines und Maoris ist alles Leben heilig und göttlich, jedes Tier, jede Pflanze und auch der Mensch.

Wenn ein Indianer einen Baum fällt, weil er ihn braucht, um ein Boot daraus zu bauen, dann bittet er zuvor den Baum bei

Tanz und Gesang um Verzeihung. In Nordjapan bitten auch heute noch Fischer, bevor sie frühmorgens aufs Meer zum Fischen fahren, die Fische um Vergebung. Ehrfurcht vor dem Leben. Das ist wohl auch der tiefere Sinn des Tischgebets vor oder nach dem Essen.

Die Weisheit der Natur ist genial. Diese Firma funktioniert seit einigen Milliarden Jahren und hat noch nie Bankrott gemacht – von Menschen geleitete Firmen machen jedoch ständig pleite. Der Natur können wir vertrauen, wenn wir uns ihr gegenüber anständig benehmen. Im Gegensatz zu allen anderen uns heute bekannten Planeten lebt unser Heimatplanet Erde. Alle übrigen Planeten sind tot wie ein Stein.

Welche Ethik könnte uns retten?

Nur eine Ethik, welche die gesamte Natur und **alles** Leben und nicht nur den Menschen im Blick hat. Die christliche Theologie hat 2000 Jahre darauf geachtet, dass ihr nie ein Baum in der Wissenschaft herum stand und nie eine Kuh durch den Tempel lief. Die menschenfixierte Wissenschaft ist bis in die Theologie hinein ein wesentlicher Teil unseres heutigen Problems.

Wer in der Natur nur den Menschen sieht, verspielt auch dessen Leben. Die Natur meint das **Leben** und nicht nur die Sonderinteressen der Spezies Mensch. Die Natur, die Tiere, die Pflanzen, der Kosmos, das Wasser, die Luft, die Böden sind um ihrer selbst da, nicht nur für uns Menschen. Und wo ist Gott? Er redet in der Seele jedes Menschen. Nacht für Nacht und Tag für Tag in unseren Träumen – ohne jede gentechnische Manipulation. Er begegnet uns in der Stille der Natur, beim Erblühen jeder Frühlingsblume und in der Meditation. Gott ist, wo Menschen verantwortlich handeln.

Doch heute zerstören wir unsere Lebensgrundlagen. Genetiker spielen Schöpfung und konstruieren einen achten Schöpfungstag. Geld regiert die sich globalisierende Welt. Allmachtsphantasien überall. Und wo ist Gott? Wie können wir im Zeitalter des Ökonomismus und des biotechnischen Kalküls noch von Gott sprechen? Sind wir Schöpfer oder Geschaffene?

Technokraten arbeiten oft so, als hätten sie keine Gefühle und kein Gewissen. Warum dürfen wir ein Schaf klonen, aber nicht einen Menschen? Weil Dolly »nur« ein Tier ist, aber kein Mensch? Und weil der Mensch die Krone der Schöpfung ist? Auf die Frage, wo ist Gott? antworten die indischen Upanishaden so:

- Gott schläft in Steinen,
- atmet in Pflanzen,
- träumt in Tieren und
- erwacht in Menschen.

Ähnlich sieht es der große Gottsucher aus Nazareth. »Gott ist inwendig in dir.« Gott offenbart sich in seiner Schöpfung und in jedem Lebewesen.

Bei der Atomtechnik haben wir Fehler gemacht. Müssen wir ähnliche Fehler bei der Gentechnik unbedingt wiederholen? Fehler werden sich nicht ausschließen lassen, aber es ist eine große Dummheit, wenn wir aus Fehlern nichts lernen. Der Mitbegründer der Gentechnik, der Biochemiker Erwin Chargaff, hat am Ende seines Lebens ein »11. Gebot« für unsere Zeit vorgeschlagen: »Du sollst den Kern nicht spalten, weder den Atomkern noch den Zellkern.« Brauchen wir gentechnisch veränderte Lebensmittel, um den Hunger zu überwinden? Ein wenig Vernunft würde genügen. Die UNO hat schon 1998 ausrechnen lassen, dass diese Erde 12 Milliarden Menschen durch herkömmliche oder ökologische Landwirtschaft ernähren kann.

Den mexikanischen Indios war der Mais heilig. Den australischen Aborigines war das Wasser heilig, den Indern bis heute die Kühe und den Ägyptern der Weizen, weil sie davon leben.

Auch wir leben von der Natur. Pflanzen und Tiere sind unsere älteren Geschwister. Wir Menschen brauchen die Weltmeere und ihre Korallenbänke, das Polareis und Naturschutzgebiete ebenso wie die tropischen Regenwälder. Wir brauchen die Natur, um uns selbst zu verstehen und zu lieben. Erst danach können wir wirklich mitarbeiten an der Bewahrung der Schöpfung.

Am 21. Oktober 2005 titelte die Münchner »tz«: »Regenwaldzerstörung noch schlimmer als geglaubt« und fragte zu Recht: »Was tun wir unserer Erde an?« Die Antwort: In den letzten 50 Jahren haben wir die Hälfte der Regenwälder abgeholzt.

Der Regenwald aber ist die Lunge der Erde. Wir leben nur noch mit einem Lungenflügel. Wenn das Abholzen so weiter geht, ist in 50 Jahren auch der zweite Lungenflügel dieses Planeten vernichtet. Aber genau in diese Richtung läuft es zur Zeit: Jährlich roden wir 16 Millionen Hektar Regenwald. Das ist die halbe Fläche der Bundesrepublik. Nicht die Natur, der Mensch zerstört die grüne Lunge seines Heimatplaneten und damit sich selbst. Erst stirbt der Regenwald, dann die Tiere und dann …

Jesus, der wunderbare junge Mann aus Nazareth, vertraute den Gesetzen der Natur, weil er in den Naturgesetzen die Gesetze seines himmlischen »Vaters« erkannt hatte. In seiner Schule können wir viel lernen. Was uns der Ökologe aus Nazareth bis heute zu sagen hat, ist nicht Schnee von gestern, sondern Musik für eine bessere Welt. Gentechnik ist so überflüssig wie ein Kropf.

Wir können die Natur nicht verbessern, wohl aber von ihr lernen. Das Erfolgsprinzip der Natur heißt: Nachhaltig wirtschaften, ökologisch und gemeinschaftlich arbeiten, in Kreisläufen leben und überleben.

Die neue Wissenschaft Bionik zum Beispiel (eine Verbindung von Biologie und Technik) erforscht die wunderbaren Entwicklungen der Natur und der Schöpfung und versucht, diese kreative Ideenbörse für die Zukunft der Menschheit nutzbar zu machen. Vieles, was Techniker heute noch für utopisch halten, hat die biologische Evolution längst optimal realisiert. Wir stehen erst ganz am Anfang beim Verstehen der Natur und der Evolution. Da gibt es noch unendlich viel zu tun – uns erwartet also viel Arbeit, aus der viele Arbeitsplätze für eine bessere Zukunft entstehen können. Entscheidend wird freilich sein, ob wir von der Natur lernen und mit der Natur arbeiten oder uns weiterhin an der Natur versündigen, indem wir uns als Gegenspieler der Natur aufführen. Das Hauptproblem dabei: Welcher Wissenschaftler gibt schon gerne zu, dass die Natur seiner Intelligenz weit überlegen ist? Das grüne Patentamt der Schöpfung ist gefüllt mit verblüffenden Überraschungen und unglaublichen Phänomenen. Alle Computer der Welt mit noch so leistungsfähiger Software können niemals konkurrieren mit dem Erfindungsreichtum von bis zu vier Milliarden Jahren Evolution.

Wie um alles in der Welt schafft es die Natur Elefantenzähne, menschliche Zähne, Eierschalen, Schmetterlingsseide oder Schildkrötenpanzer bei 37 Grad Celsius umweltgerecht herzustellen, völlig recycelbar und mit nur minimalem Rohstoff- und Energieeinsatz? Müssen wir Menschen nicht, um einfachen Stahl zu produzieren, eine Hitze von 1000 Grad erzeugen?

Mit solchen Fragestellungen werden die Biowissenschaften

für das 21. Jahrhundert wichtiger als die chemischen und physikalischen Wissenschaften, die im 20. Jahrhundert große Entdeckungen hervorbrachten.

Die Herstellung von Papier aus Holz zum Beispiel ist keine menschliche Erfindung. Für Wespen und andere Insekten ist diese Technologie seit Jahrmillionen ein alter Hut.

Auch bei der Gentechnik und beim Klonen können wir viel Geld und Ärger sparen, wenn wir vorher bei der Natur nachschauen. Sie ist das erfolgreichste Unternehmen aller Zeiten: bestes Ressourcenmanagement, prima Organisation, unübertreffliche Anpassungsfähigkeit, funktionierende Selbstheilungskräfte. Am Glühwürmchen hat sich noch nie jemand die Finger verbrannt. Aber wir Menschen produzieren unsere Glühbirnen noch immer so, dass wir etwa vier Fünftel der Energie sinnlos in Wärme investieren. Die Natur kann es besser. Sie leistet sich freilich mehr Zeit. Auch die Natur ist nicht perfekt, aber geduldiger als wir Menschen. Es ist nicht besonders intelligent, die Weisheit der Natur weiterhin zu übersehen. Homo sapiens sollte nicht länger homo Dummkopf bleiben. Leider ist bei vielen Menschen – vor allem bei Wissenschaftlern – die Natur als Inspirations- und Innovationsquelle noch immer verpönt. Dabei wissen wir noch nicht einmal, wie die Kommunikation eines Ameisenvolkes oder eines Fischschwarmes wirklich funktioniert. Die Natur ist nicht unser Hilfsarbeiter, wie Genmanipulateure vermuten, sondern unser Lehrmeister, wie die Bioniker allmählich entdecken.

33. Die Schönheit der Natur ist die Schönheit Gottes

Wünscht sich jemand, **nicht** schön zu sein? Zu unseren stärksten Eindrücken zählen schöne Orte, schöne Menschen, eine schöne Wohnung, schöne Kunst, die Schönheit der Natur, die Schönheit der Stille oder einer Stimme. Die Schönheit kommt den Bedürfnissen unserer Seele entgegen. Das Schöne verleiht unserer Seele Flügel, die Gegenwart des Schönen macht uns lebendig. Die Schönheit vermittelt uns ein Gefühl über die Tiefe unserer Herkunft und die mögliche Weite unserer Zukunft. Schönheit lässt uns den Weg ahnen, von dem wir kommen und den wir nach diesem Leben wieder gehen.

Schönheit, wusste Thomas von Aquin, ist göttlich. Der große Theologe des 13. Jahrhunderts gab Gott nicht nur die Eigenschaften des Einen (Unum) und des Guten (Bonum) und des Wahren (Verum), sondern auch des Schönen (Pulchrum). Für uns Abendländer klingt das heute etwas überraschend. In den Zeiten der Rationalität ist vieles wichtig: Erfolg, Leistung, Geld, Wirtschaft, Politik, Institutionen. Aber Schönheit? Kein christlicher Theologe, sondern ein Orientalist und Schriftsteller hat das Buch »Gott ist schön«[1] geschrieben.

Die abendländische Gottvergessenheit ist Ausdruck eines Mangels an Schönheit. Wo es aber an Schönheit fehlt, kann Gott nicht mehr als Künstler aller Künstler erahnt werden. Die

1 David Kermani, Gott ist schön. Das ästhetische Erleben des Koran (München 1999), siehe auch sein Buch Der Schrecken Gottes. Attar, Hiob und die metaphysische Revolte (München 2005).

Natur zeigt uns Gottes wilde Schönheit. Deshalb ist die Zeit der Naturzerstörung auch die Zeit der schwindenden Schönheit. Ist gar die heutige globale Krise eine Krise der Schönheit und der Gottesvergessenheit?

In gewisser Weise lassen sich alle gegenwärtigen Krisen auf eine Krise des Wesens der Schönheit reduzieren. Vielleicht ist es wirklich an der Zeit, die Dimension des Schönen und den Eros der Schönheit neu zu entdecken. Vielleicht ist unsere Lage deshalb so beängstigend, weil wir das Schöne so furchtbar vernachlässigt haben. Wenn sich die Wüstengebiete täglich vergrößern, wenn die Luft immer schlechter, die Böden immer saurer, die bewaldeten Regionen immer kleiner und der Terrorismus immer schrecklicher werden, dann muss man nach neuen Brunnen bohren.

Der US-Biologe und Artenforscher Eduard O. Wilson ist davon überzeugt, dass der Mensch ohne die Schönheit der Natur seelisch verkümmert. Sein Gehirn und seine Seele haben sich so entwickelt, dass ihm ästhetische Grundbedürfnisse angeboren sind.

Schönheit zahlt sich in Zeiten der Massenproduktion des immer Gleichen und des »Hauptsache billig« aus. Luxus hat immer Konjunktur – schon deshalb, weil er nachhaltig ist. Hässliche Billigware – siehe McDonalds und die Folgen für unsere Gesundheit – kann sehr teuer werden. Man darf freilich Glamour nicht mit Schönheit verwechseln. Glamour ist billig und kurzlebig, Schönheit hingegen beständig und nachhaltig. Schönheit ist, wo sich die Seele zu Hause fühlt. Schönheit pflanzt Mut, Hoffnung und Freude ins Herz. Schönheit verwandelt Angst und Enge in Kreativität und Lust auf Zukunft. Ohne Schönheit sind wir ärmer, ja sogar in unserer Existenz gefährdet.

Wir haben in diesem Buch gesehen: Solararchitektur ist schöne Architektur. Wenn wir zu einem Menschen sagen: »Ich liebe Dich« meinen wir immer auch »Du bist schön«. Liebe entdeckt die Schönheit.

Zivilisationskritiker und Soziologen sind sich darin einig, dass unsere Zeit von einem geistigen Hunger geprägt ist. Zwischen materiellem Wohlstand und geistiger Dürre gibt es offensichtlich Zusammenhänge. Wir sind Materie-versessen und Seele-vergessen. Das macht uns zu Fremden im eigenen Leben. Gesundheit wird fast nur noch als körperliches Fitsein verstanden. Der lächerliche Diätwahn bei gleichzeitigem Fast-Food-Konsum lässt sich anders nicht erklären. »Hauptsache gesund« heißt der neue Fundamentalismus. Dass ein zufriedenes Herz und eine inspirierte Seele die größten Kostbarkeiten auf dieser Welt sind, geht im Börsenwahn und Wachstumsglauben unserer Zeit leicht unter.

Schönheit ist die wirkliche Wirklichkeit der Seele. Sie zeigt uns, dass Chaos nicht das letzte Wort haben muss. Die Politik der Entspannung von Gorbatschow, Brandt und Genscher waren in dem Sinne schön, dass sie Europa Frieden und Freiheit schenkten. Schönheit brauchen wir ebenso wie Frieden, Liebe und Luft.

Schönheit ist attraktiv, vor allem die Schönheit der Güte und der Sanftmut. Davon waren Jesus und Buddha beseelt. Deshalb sagt Jesus in der Bergpredigt: »Selig sind die Sanftmütigen, denn sie werden das Erdreich besitzen.«

Schönheit liebt die Freiheit. Unter Zwang kann es Schönheit nicht geben. Rainer Kunzes Gedichte belegen diesen Zusammenhang. Wenn Schönheit nicht **in** uns ist, werden wir sie **um** uns kaum erleben. Schönheit erkennt Schönheit. Innere Schönheit erkennt und wird erkannt – mit Narzissmus und Egozentrik hat das nichts zu tun. Wohl aber mit Würde und Anmut.

Irgendwo in unserem Herzen lehrt uns eine innere Stimme das Sein der Schönheit vom Schein des Narzissmus zu unterscheiden. Auch und gerade in Krisenzeiten flüstert die zarte Stimme unseres Gewissens von der Schönheit des Seins. Auch Platon und Goethe, Plotin und Thomas von Aquin lehrten uns, dass das Gute und das Wahre die Geschwister des Schönen sind.

Für Tiefenpsychologen wie Carl Gustav Jung ist die kritische innere Stimme eine heilende Stimme. Ich weiß, wovon er spricht. In einer typischen Midlife-Krise habe ich sie als »heilige Stimme« über meine Träume wahrnehmen dürfen.

In allen Religionen und Heiligen Schriften ist die Sonne ein göttliches Symbol, ein Symbol von Schönheit. Heute werden immer mehr Häuser gebaut, die zur Sonne hin offen sind. Architekten lernen, wo Süden ist – nicht nur, weil dadurch viel Heizenergie gespart wird, sondern auch, weil das göttliche gelbe Licht ein Ausdruck von Schönheit ist, nach der wir uns sehnen. Schönheit und praktischer Nutzen finden sich heute manchmal schon in ansprechender solarer Architektur wieder. Solararchitekten bringen das Sonnenlicht zum Fließen. Inspiration, Motivation und Kreativität können sich in schöner Architektur, die mit der Sonne arbeitet, neu entfalten. Deshalb heißt die Zukunft der Architektur: Solararchitektur.

In jedem von uns schwingt eine göttliche Melodie – auch wenn sie oft nicht bemerkbar ist. Jede und jeder hat in sich eine göttliche Vorstellungskraft, wir sind voll göttlicher Präsenz, unabhängig von unserem gegenwärtigen Bewusstseinszustand. Oft aber sehen wir nicht mehr, was schön ist. Unser Blick entscheidet, was schön ist. Innen wie außen. Alles hängt davon ab, wie wir die Dinge betrachten. Nur eine helle Innenwelt lässt uns die Außenwelt hell und schön erscheinen. Es gibt Menschen, die beklagen sich bei geschlossenen Rollläden über fehlendes Licht, obwohl draußen die Sonne scheint.

Andererseits staunen wir manchmal über ältere Künstler, die beinahe jugendlich vital und neugierig geblieben sind. Fantasie erhält den Jungbrunnen und erweckt den Altbrunnen. Jedem Alter wohnt ein Zauber inne. Über die Schönheit können wir lernen, dass Alter keine Krankheit ist, sondern dass uns die Träume wundervolle und aufregende Botschaften bis zum letzten Atemzug schicken. Die verstorbene Sterbeforscherin Elisabeth Kübler-Ross hat sogar gelehrt, dass der Tod ein »wunderschönes Erlebnis« ist. Welche Perspektiven für die Schönheit! Auch für die Schönheit der Altersweisheit! Auch im Alter kann die Seele neu ergrünen.

In Deutschland gibt es ca. 3 Millionen Menschen mit Nahtoderfahrungen, die durchweg bestätigen, dass es »drüben« außergewöhnlich schön sei. Die strahlenden Augen meines Vaters auf dem Sterbebett und die letzten Worte meiner Mutter kurz vor ihrem Tod waren voller Schönheit, Würde und Wahrheit. Diese Schönheit des Sterbens kann die Angst vor dem Tod zumindest mildern. Alle Schönheit ist ein Geschenk: unser eigenes Leben, Kinder, unsere Kreativität und unsere Vorstellungskraft. Schön und gut ist, wenn Eltern bevor sie sterben ihre Kinder segnen, wie meine Mutter es getan hat. Das kann ein Leben lang helfen.

Wenn zwei Menschen sich ineinander verlieben, beginnt die Schönheit der Liebe und die Liebe der Schönheit immer wieder neu. Der Zauber jeder wirklichen Liebe verwandelt Schönheit in Lebensenergie. Die Kunst zu leben ist wohl das Geheimnis der Schönheit. Nichts verändert und verwandelt uns so sehr wie die Schönheit der Liebe. Wenn wir lieben oder Sehnsucht nach Liebe verspüren, regt sich Gottes Schönheit in uns.

Mit der Zerstörung unserer Lebensgrundlagen zerstören wir auch die Schönheit unseres blauen Planeten. Und neben der Schönheit auch die Hoffnung, dass es noch Rettung gibt.

Letztlich werden wir nur bewahren, was wir als schön empfinden. Und als schön empfinden wir, was wir lieben. Der Verlust an Schönheit bedeutet die Vernichtung unserer Wurzeln und das Entstehen von Unordnung.

Der Quantenphysiker und Nobelpreisträger Erwin Schrödinger beschreibt in seinem Buch »Was ist Leben?« das Leben als »Ordnung«. Thomas von Aquin schrieb schon im 13. Jahrhundert von der Ordnung der Liebe, und Jesus nannte Gott »Liebe«. Physik und Metaphysik müssen keine Gegensätze bleiben.

Warum hatten Umweltverbände und die Umweltpolitik bisher weltweit nur bescheidene Erfolge? Weil wir die Dimension Ästhetik und die Dimension Ethik vernachlässigt haben. Eine neue Umwelt-Ethik und Umwelt-Ästhetik sind Voraussetzung einer erfolgreichen Umwelt-Politik. Die Schönheit könnte uns retten. Die Schönheit der Natur bietet uns einen Schlüssel zur Erfahrung des Schönsten: GOTT. ER ist unser Rettungsanker.

34. Nur eine ökologische Religion macht gesund

Gott, der Herr,
brachte also den Menschen
in den Garten Eden.
Er übertrug ihm die Aufgabe,
den Garten zu pflegen
und zu schützen.

In diesen Worten aus dem 1. Buch Mose ist von Zerstörung nicht die Rede!

Den wahnwitzigen Versuch, die Natur zu beherrschen, sollten wir rasch beenden. Der deutsche Nobelpreisträger Gerd Binnig meint: »Wir müssen uns mit dem Gedanken vertraut machen, dass selbst tote Materie nichts Minderwertiges ist … In einem Stein zum Beispiel sind alle Wunder dieser Welt enthalten, denn alle Naturgesetze – und damit alle Möglichkeiten, die aus ihnen resultieren können – spiegeln sich in ihm.«

Der Bionik-Forscher Kurt Blüchel schreibt: »Es geht also vor allem um ein besseres Verstehen der Natur und ihrer genialen Überlebens-Mittel, die einige Milliarden Jahre experimentelle Forschung, Entwicklung und Qualitätssicherung hinter sich haben.« Unsere menschlichen Technologien, Systeme und Management-Methoden hingegen nennt Blüchel im Verhältnis zur Weisheit der Natur eher »primitiv und hausbacken«.

Der US-Flugzeugbauer Boeing hat nach fliegenden Vorbildern in der Natur gesucht und ist auf die Hummel gestoßen.

Boeing-Techniker machten sich dann ans Rechnen. Daraufhin wurde in ihrer Unternehmenszentrale in Seattle im Staat Washington das Riesenbild einer fliegenden Hummel mit folgender Unterschrift aufgehängt:

»Berechnungen unserer Ingenieure haben ergeben,
dass Hummeln n i c h t fliegen können.«

Zu ihrem Glück haben die Hummeln diese bemerkenswerte menschliche Erkenntnis nicht zur Kenntnis genommen und fliegen einfach weiter. Wir Menschen haben wohl viele fantastische Anlagen, nutzen aber allenfalls ein Spatzengehirn. Sonst würden wir weder Kriege führen, noch Atombomben bauen oder längere Laufzeiten von AKWs fordern und Gen-Manipulationen verbreiten oder sonst an unserer Zerstörung arbeiten.

Vor kurzem begegneten sich zwei Planeten im Weltraum, unser Heimatplanet Erde und ein anderer Planet. Der andere Planet fragte die Erde: »Hallo, liebe alte Erde – wie geht es Dir?« »Nicht gut«, sagte die Erde, »ich habe homo sapiens an Bord.« »Mach' Dir nichts draus«, antwortet der andere Planet, »das vergeht bald wieder.«

Vor 800 Jahren empfand Franz von Assisi:

Alle Geschöpfe der Erde fühlen wie wir.
Alle Geschöpfe streben nach Glück wie wir.
Alle Geschöpfe der Erde lieben, leiden und sterben wie wir.
Also sind sie uns alle gleichgestellte Werke des allmächtigen Schöpfers, unsere Geschwister.
Gott wünscht, dass wir den Tieren beistehen, wenn sie der Hilfe bedürfen.
Ein jedes Wesen in Bedrängnis hat gleiches Recht auf Schutz.

Stattdessen betreiben wir Massentierhaltung und spüren bei unserem unersättlichen Fleischkonsum gar nicht mehr, was wir uns selbst antun.

Die Erde war einmal eine wunderbare Wohnstatt mit sauberer Luft, reinem Wasser und gesunden Böden. Die Schöpfungsgeschichte des Alten Testaments ist eine der eindrucksvollsten, nachdenkenswertesten und nachhaltigsten der Weltliteratur. Gott schuf Licht und Land, Tag und Nacht, Meere, Wälder und Wiesen, Gras und Sonne, Mond und Sterne, Menschen und Tiere. Danach sah er, »dass es gut war«.

Und heute? Was empfinden wir? Und vor allem, was tun wir?

Einer der berühmtesten Paläanthropologen unserer Zeit ist der frühere Direktor der Wildlife Services in Kenia Professor Richard Leakey. In seinem Buch »Die sechste Auslöschung« beschreibt er, dass die Lebenswelt der Erde bisher fünf große Auslöschungen erlebt hat: durch Klimawechsel, durch Meteoriteneinschlag oder durch evolutionäre Entgleisungen. In den bisherigen fünf großen Auslöschungen – die letzte war vor 65 Millionen Jahren, als die Dinosaurier ausstarben – seien jeweils zwischen 65 und 95 Prozent aller Spezies vernichtet worden. Heute, so hat Richard Leakey erforscht, werden jeden Tag zwischen 70 und 150 Arten ausgelöscht. Diese Zahl reiche mit erschreckender Genauigkeit an die Vernichtungsquote der anderen fünf großen Katastrophen heran. Leakeys Schluss: »Beim sechsten Aussterben kennen wir die Schuldigen. Das sind wir.«

Um die hier beschriebenen Zusammenhänge aller Lebewesen zu verstehen, brauchen wir eine Rückbesinnung auf die Werte der alten Religionen.

Wir Menschen haben das Gewebe des Lebens nicht selbst

gewoben. Wir sind nur ein Faden im Gesamtgewebe. Was immer wir dem Gewebe antun, das tun wir uns an. Im Alten Testament hat Gott durch sein kreatives Wort »Es werde« die Voraussetzung geschaffen für Wasser und Wind, für Klima und Luft, für Landschaften, Tiere, Pflanzen und Menschen. Demnach verdanken sich Menschen nicht sich selbst, sondern dem schöpferischen Wirken Gottes oder der Evolution. Gott schafft Leben und bewirkt Ordnung.

Die Sonne bildet die Grundlage allen Lebens. Davon profitieren wir bis heute. Seit Jahrtausenden ist die Sonne in allen Kulturen ein göttliches Geschenk. Die Sonne hinter der Sonne nannte Jesus »Vater«.

Je intensiver wir uns heute mit der Natur beschäftigen, desto deutlicher erkennen wir ihre enorme Intelligenz. Jesus war ein großer und unvergesslicher Heiler, weil er selbst heil geworden war. Er lebte im Gleichgewicht zwischen Herz und Verstand, zwischen weiblicher und männlicher Energie. Deshalb spreche ich von Jesus als dem »ersten neuen Mann«. Ohne Gleichgewicht zwischen Herz und Hirn werden wir krank. Ein Vogel kann nicht mit einem, sondern nur mit zwei Flügeln fliegen. Jesus lehrt Wege zum Gleichgewicht – auch zum Gleichgewicht zwischen Ökologie und Ökonomie. Er erkannte, wie bis heute kaum jemand, die Heilkraft der psychischen Energie.

Gott ist verliebt in die Schöpfung

Ein strahlend schöner Augusttag im Indischen Ozean. Kein Wölkchen ist am hellblauen Himmel zu sehen. Die türkisfarbene Lagune der Sandstrände wetteifert mit dem tiefen Blau des Meeres, dem gleißenden Weiß der Sandstrände und dem satten Grün der Kokospalmen um die Aufmerksamkeit der sonnenhungrigen Touristen. Beste Voraussetzung für eine optimale Sicht beim Tauchen im klaren Wasser auf den Malediven.

Dank der heutigen Taucherausrüstungen können wir uns im Meer wie ein Fisch unter Fischen bewegen. Ein paar Flossenschläge genügen, um die ganze Pracht einer Märchenwelt unter glasklarem Wasser zu erblicken. Niemand kann sich zuvor erträumen, welche Vielfalt des Lebens unter Wasser zu finden ist. Jeder Korallenstock ist ein Mikrokosmos von Fress- und Wohngemeinschaften, von Schutz- und Trutzbündnissen. Keine menschliche Phantasie könnte sie je ersinnen. In 20 Metern Tiefe verharren wir inmitten von Tausenden Fischen. Vor mir und über mir, rechts und links von mir erlebe ich die Vielfalt und Fülle der Farben und Formen des Lebens im Meer. Eine Kathedrale aus Wasser, mit Fischschwärmen, die das bläuliche Licht tausendfarbig reflektieren. Ein Blick ins Paradies; geschaffen aus Milliarden Korallenpolypen, aus Wind und Wasser im einem Archipel aus Inseln, Atollen und Riffen. Ein fragiles ökologisches System, in dem der Mensch von der Evolution wahrscheinlich gar nicht vorgesehen war. Warum ich an Gott glaube? Weil die Entwicklung dieses wunderbaren Lebens ohne Intelligenz für mich nicht vorstellbar ist. Die göttliche Existenz, so erlebe ich solche Augenblicke, ist für einen denkenden und empfindenden Menschen zwingend notwendig.

In tiefer Ehrfurcht und Dankbarkeit erfahre ich in dieser Welt der Stille die Einheit allen Lebens, die Zusammenhänge allen Seins, die Verwandtschaft alles Lebendigen. Hier unten gibt es mannigfaltiges Leben: Kofferfische und Zackenbarsche, Schmetterlings- und Papageienfische, Doktor- und Skorpionfische sowie kleine blau-weiß-schwarz gestreifte Putzerfische; Riesenschildkröten und Mantas, Fische der Schnapperfamilien, Husarenfische, Schnecken in jeder Art und Form – und das alles vor dem Hintergrund leuchtender und farbenprächtiger Korallengärten – ein Karneval im Riff.

Wie die Regenwälder gehören die Meeresriffe zu den artenreichsten Lebensräumen. Der Schöpfer dieser prallen Vitalität und unbeschreiblichen Schönheit in allen Farben des Regenbogens muss ein Wesen voller Liebe zu seinen Geschöpfen sein – anderes ist unvorstellbar. Wer so die Einheit allen Lebens in ihrer Vielfalt als ein tiefes Geheimnis erlebt, muss nichts mehr glauben – er weiß. Er weiß, dass wir leben, weil auch das Meer lebt! Und in diesem Wissen kann er Dankbarkeit und Demut, Lebensfreude und Liebe, Sympathie und Empathie zu allem Lebendigen empfinden. Wer einmal hier unten war, wird sich in Zukunft für den Schutz der Meere einsetzen.

Meine Frau, die an diesem Tag eine ähnliche Tiefenerfahrung gemacht hatte, sagte am Abend, »in diesem Meeres-Dom« habe sie das »Allerheiligste« erleben dürfen. An diesem Tag wurde uns wieder bewusst: Gott muss sehr verliebt gewesen sein, als er die Erde und das Leben schuf. Gott ist verliebt in das Paradies, dessen Tore uns weit offen stehen. Es gibt Erlebnisse, nach denen man nicht mehr dieselbe oder derselbe ist. Was nur unseren Kopf berührt, aber nicht unser Herz ergreift, verwandelt uns nicht. Wenn wir uns aber mit Herz und Verstand dem Geheimnis des Lebens öffnen, dann findet Transformation statt; dann wächst das Vertrauen ins Leben, auch das Wissen um die Liebe. Und Liebe ist dann ein anderes Wort für Gott. Solche Tiefenerfahrungen sind nur in Augenblicken der Stille möglich.

In solchen Augenblicken werden Denken und Danken identisch. Dass die beiden Worte Denken und Danken aus derselben Quelle stammen, macht sie zu einem der schönsten Wortspiele der deutschen Sprache. Alles Geld und Gold der Welt kann solche Momente bedingungsloser Liebe niemals aufwiegen. In solchen Erfahrungen wird alles relativ außer der wahren und großen und niemals genug zu preisenden Liebe.

Nur die Augen der Liebe entdecken die wirklichen Werte in allem, was ist – in Fischen und Vögeln, in Blumen und Bäumen, in Männern und Frauen und in jedem Kind. In den Augen Gottes, so lehrt uns Jesus, sind **alle** Lebewesen wertvolle Wesen. Was für alle Zeit unvergesslich bleibt bei solchen Tiefenerlebnissen: Gott hat seine Schöpfung geschaffen nach dem Grundprinzip der Liebe. Da Gott die Liebe ist, wie uns Jesus lehrt, ist Liebe **die** Lebenskraft und Energie in allen Dingen. Diese energetische Liebe ist universal – alle Weltreligionen wissen das und lehren es.

Diese Liebe spricht alle Sprachen. Eine solche Liebe ist die Nabelschnur zwischen Gott und allem Leben. Diese Liebe ist die wahre Wissenschaft vom Leben. Die Offenbarung der Liebe Gottes, seines Vater, in allem Leben: Dies erkannt zu haben und es allen weiterzusagen, empfand Jesus als den Sinn seines Lebens. Derselbe Geist Gottes, der in Jesus lebte, lebt auch in jedem und jeder von uns. Diesen Geist wollte Jesus in uns wecken. Größeres hat nie ein Mensch versucht. Nur diese Religion, eine ökologische Religion, kann uns heute in den Zeiten der ökologischen Weltkrise helfen, heil und gesund zu werden.

35. Der Dalai Lama und seine buddhistische Ökologie

Als ich mein Buch »Der ökologische Jesus – Vertrauen in die Schöpfung« dem Dalai Lama schenkte, meinte dieser: »Ihr nächstes Buch sollten Sie über den ökologischen Buddha schreiben. Buddha war so sehr ökologisch orientiert wie Jesus.«

Eugen Drewermann, christlicher Theologe, Kirchenkritiker und Psychotherapeut, sagt, dass ihn schon als Jugendlicher mit 17 Jahren die konsequente Gewaltlosigkeit des Buddhismus sehr fasziniert habe. Die katholische Kirche verkündete vor 50 Jahren noch: Kein Katholik darf sich dem Wehrdienst verweigern. Und so wurden alle jungen Katholiken trainiert fürs Töten. Drewermann: »Ich wusste damals, dass ich niemals lernen werde, auf Befehl Menschen zu töten, niemals.«

»Du sollst nicht töten« galt für Drewermann selbstverständlich auch gegenüber den Tieren. Er erzählt: »Ich sehe das noch heute vor mir: in der Vorweihnachtszeit waren in meiner kleinen Stadt Hasen und Rebhühner aufgehängt mit blutigen Köpfen, sehr appetitlich. Und ich dachte mir, das kann nicht sein, das will ich nicht. Und es gab keinen katholischen Theologen, keinen Pastor, mit dem ich darüber auch nur hätte reden können. Mein Kaplan sagte mir: Schmeckt doch gut. Blutwurst, Mensch, Blutwurst!«

Als der junge Drewermann nicht verstehen konnte, wie Menschen im Namen der Religion und im Namen Gottes Menschen oder Tiere töten können, kam ihm der Buddhismus zu Hilfe. Heute sagt er: »Ich war mit 17 Buddhist, ohne es zu wissen. Ich brauchte den Buddha, ich brauchte ihn in dieser Zeit mehr als Jesus.« Auch ich weiß heute, dass Jesus und Buddha wunderbar zusammenpassen. So sieht es auch der Dalai Lama, der in seinen Reden oft Jesus zitiert.

Schweine ohne Schweinepest und Rinder ohne Rinderwahn

Jesus ist wie Buddha ein universaler ökologischer Lehrmeister. Ein tiefes Verstehen des ökologischen Jesu wird revolutionäre Folgen haben. Dieses Buch handelt von der Heiligkeit der Schöpfung, das heißt von Heil-Sein und Wieder-Heil-Werden der Natur. Die heilige, das heißt unbeschädigte Schöpfung: das sind Schweine ohne Schweinepest, Rinder ohne Rinderwahn, Menschen ohne umweltbedingte Allergien und ohne Hautkrebs durch das Ozonloch. Heilige Schöpfung: Das ist reines Wasser und saubere Luft, gesunde Wale und wirklicher Wald. Und: Vögel ohne Vogelgrippe.

Jesu und Buddhas Lehre wollen zum Frieden und zur Gerechtigkeit befreien: zum inneren und äußeren Frieden, zum Frieden mit uns selbst, zum Frieden mit unseren Mitgeschöpfen, zum Frieden mit der Natur. Buddha und Jesus, die beiden großen Seelenverwandten, vertrauten den Gesetzen der Natur, weil sie in den Naturgesetzen die Lebensgesetze erkannten.

Ähnlich wie Buddha zeigt Jesus den Weg des ökologischen Erwachens, des ökologischen Bewusstwerdens und des ökologischen Tuns. Jesus redet und handelt in der Überzeugung: wer Menschen Vertrauen zu sich selbst schenkt, verzehnfacht ihre Kraft und ihren Mut, ihre Heilkraft, aber auch ihre gesellschaftliche und politische Kraft. Wer dies versteht, danach lebt und handelt, wird nie wieder die ewig-alte, verlogene Ausrede parat haben: »Ich kann ja doch nichts ändern.« Im Gegenteil. In der Spur des ökologischen Jesu und Buddhas lernen wir zu fragen: Wer soll denn überhaupt etwas ändern, wenn nicht ich? Wann, wenn nicht jetzt? Und wo, wenn nicht hier?

Der Dalai Lama interpretiert sowohl den ökologischen Buddha wie auch den ökologischen Jesus, wenn er sagt: »Die ursprüngliche Natur nicht nur des Menschen, sondern aller empfindsamen Lebewesen ist Güte.«

Weil wir bislang weder Buddha noch Jesus richtig zugehört haben, können wir zwar auf den Mond fliegen und auf dem Mars Spuren von Leben suchen, doch in unserer psychischen Entwicklung sind wir infantil geblieben. Von Jesus und Buddha können wir lernen: Je mehr Vertrauen wir schenken, desto mehr Vertrauen bekommen wir geschenkt. Die Jesus-Strategie bedeutet: das Verfeinern unserer Emotionen, das Vertiefen unserer Intuitionen und das Schärfen unseres Gewissens. Diese Jesus-Strategie ist nicht sentimental, sie ist intelligent. Eine Leiter zum Himmel führt über mehr Feingefühl gegenüber den Gefühlen Anderer.

Hans Küngs »Weltethos« basiert auf der Erkenntnis:

Kein Weltfrieden ohne Frieden zwischen den Religionen.

Der Dalai Lama ergänzt diese These noch durch seine buddhistische Erkenntnis:

Kein Weltfrieden ohne Frieden mit der Natur

Der prominente Buddhist nennt die heutige ökologische Weltkrise »den Dritten Weltkrieg gegen die Natur«. Wohl auch deshalb gilt der Dalai Lama heute auf der ganzen Welt als der weiseste Mensch unserer Zeit.

Der Dalai Lama beklagt nicht nur den »kulturellen Völkermord Tibets« durch die Chinesen, sondern auch die ökologische Zerstörung seiner Heimat Tibet durch die chinesische Besatzungsmacht:

»In Tibet haben bis vor wenigen Jahren Waldrodungen stattgefunden, die zum großen Kahlschlag geführt haben. An vielen Orten Tibets wird Raubbau an Bodenschätzen betrieben. Außerdem werden heute in Tibet chemische Anlagen gebaut, aus denen die chinesischen Arbeiter das Wasser nicht trinken dürfen. Das Wasser gelangt jedoch in die Flüsse, und die tibetische Bevölkerung hat gar keine andere Wahl, als es zu trinken.

Wir haben Informationen, dass in vielen Gegenden Tibets inzwischen nuklearer Abfall gelagert wird. Sicher ist auch, dass es an einigen Orten Tibets Atomwaffen gibt. Atomanlagen haben natürlich einen negativen Einfluss auf die Umwelt. Ich habe auch Informationen darüber, dass Anfang der 90-er Jahre die deutsche Bundesregierung versucht hat, Atommüll in Tibet lagern zu können.

Diese ökologischen Probleme sind deshalb so gravierend, weil Tibet ein Hochland ist. Wenn hier Schaden entsteht, dann ist es sehr schwierig, diesen Schaden jemals wieder zu beheben. Die großen Flüsse Asiens haben ihren Ursprung in Tibet. Und wenn hier eine Verschmutzung stattfindet, dann kann dies Auswirkungen auf viele Nachbarländer haben.«

Der Papst des Ostens ist ein äußerst sensibler Ökologe. Er hält die ökologische Krise für das größte Problem unserer Zeit. Bei unserem letzten Fernsehgespräch sagte er:

»Treibhauseffekt, Wasserknappheit, Artensterben, Waldrodungen, chemisierte Landwirtschaft! Wenn wir so weitermachen, hinterlassen wir unseren Kindern und Enkeln eine einzige

Wüste. Wir sind dabei, uns selbst auszurotten. Aber noch haben wir eine Chance, uns zu ändern (lacht laut und lange). Aber niemand weiß, ob wir die Chance wirklich nutzen (lacht weiter).

Dabei haben wir doch alle ein großes Ziel: Die Bewahrung der Schöpfung. Religiös ist, wer mitarbeitet, an der Bewahrung der Schöpfung. Der gemeinsame Weg aller Religionen heißt: Mehr Achtsamkeit gegenüber **allem** Leben, auch gegenüber Tieren und Pflanzen.«

Sein Lachen und sein Lächeln sind sein Markenzeichen. Woher nimmt er seine Kraft und seinen Humor, frage ich ihn.

»Als praktizierender Mönch bin ich ein zufriedener Mensch und ein glücklicher Mensch. Es gibt einen Weg zum Glück. Und zweitens: Trotz vieler Rückschläge und trotz vieler Probleme auf der Welt sehe ich auch viele Fortschritte in der Phase meines jetzigen Lebens. Darüber freue ich mich.

Es bringt einfach nichts, wenn man sich ärgert. Nicht einmal über seine Feinde soll man sich ärgern. Es ist intelligenter, seine Feinde zu lieben. Das sagt auch Jesus in der Bergpredigt – eine tiefe Weisheit. Von seinen Feinden kann man besonders viel lernen.« (lacht!)

Im ersten Teil dieses Buchs haben wir uns gefragt:
Sind wir noch zu retten?

Meine eigene Antwort: Ich glaube in jedem Herbst an den nächsten Frühling, weil ich Vertrauen habe in die wunderbare Schöpfung. Ich weiß allerdings auch: Wir müssen vieles ändern, damit es noch in 1000 Jahren nach einem Herbst und Winter immer wieder einen Frühling gibt. Wir müssen lernen, uns für die Geschenke der Evolution zu öffnen, sozusagen der Natur über die Schulter zu schauen. Wir haben dann die Chance, den unendlichen Erfindungsreichtum der Natur für uns zu nutzen.

Vielleicht werden wir die Genialität biologischer Systeme bald mehr bewundern als alle menschliche Technik. Wir können nachhaltige Problemlösungen finden, ohne neue unlösbare Probleme zu schaffen. Dabei brauchen wir die bisherigen technischen Erfindungen nicht gering achten, aber wir sollten bescheiden werden. Wir können uns öffnen für die technologischen Highlights der Natur. Dann werden wir erfahren: Natur-Technik und Menschen-Technik müssen sich nicht widersprechen. Die biologische Evolution hat längst verwirklicht, was Techniker heute noch für utopisch halten. Die Natur ist der größte und erfolgreichste Global Player aller Zeiten. Nichts wird erfunden. Alles wird gefunden. Die seit Milliarden Jahre funktionierenden genetischen Informationen der Natur-Techniken verursachen keinen Lärm und keinen Müll, keine giftigen Abgase und keine toten Flüsse, keine Rohstoff- und keine Energiekrisen. Die Schöpfung orientiert sich an Nachhaltigkeit und ökologischem Gleichgewicht. Einzellige Mikroorganismen haben vor Milliarden Jahren Erfindungen gemacht, die uns Heutigen nobelpreisverdächtig scheinen.

Gehen wir also in die Schule des Nobelpreisträgers aller Nobelpreisträger. Dies ist die solare Schule. Sie ist die große Trickkiste der Natur, die scheinbar Unmögliches möglich macht und Unwirkliches wirklich. Wahrscheinlich müssen wir das vielleicht verrückteste Jesus-Wort auf die Natur übertragen: »Nichts ist unmöglich dem, der vertraut.« Alles ist möglich.

Die Sonne ist die Voraussetzung unseres künftigen Erfolgs, die Quelle aller Energie, Grundlage unseres Wissens, Tor zum Glück und wahrer Lebensfreunde, Musik unserer Seele und Erinnerung an unsere göttliche Bestimmung. Das kann jeder und jede erleben: der Schreiber dieser Zeilen ebenso wie seine Leser und Leserinnen. Das Betriebsgeheimnis der Natur, die Sonne, lädt uns ein zum spannendsten Kreativitätstraining aller Zeiten: Zum Entdecken unserer natürlichen, göttlichen Bestimmung.

Der griechische Politiker Perikles wusste schon vor 2500 Jahren: »Es kommt nicht darauf an, die Zukunft zu kennen, sondern auf die Zukunft vorbereitet zu sein.« Wahrscheinlich sind unsere Träume die Vorboten unserer Zukunft.

Unsere gemeinsame Erde hat eine Zukunft, wenn wir sie nicht zerstören.

Die Grafik auf S. 22 basiert auf: J. R. Petit et al: Climate and atmospheric history of the past 420 000 years from the Vostok ice core, Antarktika. In: Nature 399, S. 429–463 (1999).

Die Grafik auf S. 23 ist aus Stefan Rahmstorf/Hans Joachim Schellnhuber: Der Klimawandel. Diagnose, Prognose, Therapie. München 2006, S. 37. Wir danken für die Abdruckgenehmigung.

Friedrich Schorlemmer mischt sich ein

Absturz in die Freiheit
Was uns die Demokratie abverlangt
»Aber der aufrechte Gang, das aufrichtige und aufrichtende Wort gehört zu unseren menschlichen Möglichkeiten und zu unserer Menschwerdung.«
Schorlemmer streitet für die Überwindung der »Sprachlosigkeit«, die sich inmitten der deutschen Medien- und Konsumlandschaft ausgebreitet hat. Er appelliert an die Verantwortung jedes einzelnen für die Bewahrung von Demokratie und Freiheit.
265 Seiten. AtV 7029

In der Freiheit bestehen
Ansprachen
Freiheit, so Schorlemmer, haben wir so viel, wie wir uns nehmen, Demokratie und Zukunft nur, sofern wir sie mitgestalten. Seine Kritik an Sozialabbau und zügelloser Ausbeutung der Natur ist ein Plädoyer für die Solidarität mit den Schwachen und die Bewahrung der Schöpfung. Er fragt nach äußeren wie inneren Bedingungen des Friedens, verweist auf den Mehrwert von Gerechtigkeit und läßt die Provokationen der Bergpredigt für uns produktiv werden.
271 Seiten. AtV 7045

Die Bibel für Eilige
Die Geschichten von Adam und Eva, Kain und Abel, von den Urvätern des Alten Testaments Noah oder Abraham, die Bücher der Propheten und die Berichte von Jesus und seinen Jüngern erzählen von den Wundern des Lebens und den Schrecken des Todes, von Liebe, Rache und Barmherzigkeit, von Schuld und Gnade – Themen, die auch unser Dasein beherrschen.
»Eine unvergleichliche Einführung in die Bibel ..., eilige, neugierige, kirchenenttäuschte und suchende Leser bekommen alles, was sie brauchen.« PUBLIK-FORUM
264 Seiten. AtV 1920

Mehr unter
www.aufbau-verlagsgruppe.de
oder bei Ihrem Buchhändler